Серия:

Современные проблемы иудаизма
в свете учения Р. Кука

Pinchas Polonsky

Adapted from lectures
of **Rabbi Oury Cherki**

ISRAEL AND HUMANITY
Thoughts drawn from the Teachings
of Rabbi Abraham-Yitzhak ha-Cohen Kook

Part 2

פינחס פולונסקי

מבוסס על סדרת הרצאות
של **הרב אורי שרקי**

ישראל והאנושות
לאור תורת הראי״ה קוק
חלק ב׳

Серия:
Современные проблемы иудаизма в свете учения р. Кука

Пинхас Полонский

**По материалам лекций
р. Ури Шерки**

ИЗРАИЛЬ И ЧЕЛОВЕЧЕСТВО

Новый этап развития

Часть 2

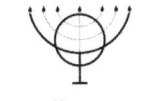

"Орот Йерушалаим"   "Brit Olam"

Иерусалим
5774/2014

Полиграфические услуги – Студия Клик, Иерусалим
Printing House – Studio Click Ltd, Jerusalem

Для связи с автором,
а также для заказа
книг в Израиле и в СНГ:
ppolonsky@gmail.com

Для заказа книг
в США, Канаде, Европе
и в других странах:
orot.yerushalaim.usa@gmail.com

OROT YERUSHALAIM
POBox 95164, Newton, MA 02495
Tel +1-617-332-0864 ▪ **orot.yerushalaim.usa@gmail.com**

«Брит Олам» – Центр движения «Бней Ноах»
под руководством р. У. Шерки
«Brit Olam» – Noahide World Center
www.noahideworldcenter.org

**Rabbi Cherki's lectures were organized in cooperation with
OURIM – spreading Judaic values** ▪ **www.ourim.org**

Издание подготовлено в сотрудничестве с
"Мидраша Ционит" – образовательный центр
для русскоязычного еврейства ▪ **www.midrasha.net**

The edition was prepared in cooperation with
The Schapiro Center for Jewish Studies

Литературная редакция: Оснат Кардаш, Анна Рудницкая
Верстка: Ривка Росина
Дизайн обложки: Галина Блейх

Literary editing: Osnat Kardash, Anna Rudnitskaya
Graphic Design: Rivka Rosin
Cover Design: Galina Bleikh

Издание этой книги осуществлено при поддержке
ИЛЬИ БРОДСКОГО

Посвящается светлой памяти

Сары-Песел бат Авраѓам Хаунин

и

Зеева бен Элияѓу Бродского

* * *

This edition is made possible by the generous support of
ILYA BRODSKY

Dedicated in memory of:

Sarah Pesel bat Avraham Khaunin

and

Zeev ben Eliyahu Brodsky

БЛАГОДАРНОСТИ

В 2008 году рав Ури Шерки, один из наиболее выдающихся раввинов нашего времени, прочел в «Маханаим» годовой курс лекций о современных проблемах еврейской жизни и Государства Израиля в свете учения р. Кука. Этот курс затронул много важных проблем, мало освещенных в других источниках и дающих совершенно новый взгляд на многие аспекты нашей жизни. На основе этих лекций рава Шерки мною (П. П.) был прочитан курс лекций-повторений для русскоязычных слушателей. Именно этот последний курс и лег в основу данной книги. Первый том вышел в 2011 году, сейчас мы рады выпустить второй том книги. Работа по обработке остальных лекций продолжается, и мы надеемся в следующем году издать третий, завершающий том серии.

Мы хотели бы поблагодарить всех, кто принял участие в выходе в свет данной книги, и особенно организации «Урим» и «Брит Олам» (в сотрудничестве с которыми был проведен курс лекций и выпускается данный сборник) и Нехаму Полонскую, превратившую конспект лекций в текст книги, а также Софью Кофман, Анну Рудницкую, Зеева Эпштейна, Марину Магрилову, Михаила Энтова, Илью Минкова, Ольгу-Ривку Уманскую, Гершона Левицкого, Эдуарда Бормашенко, Марину Матлину, Ольгу Эмдин, Оснат Кардаш, Ривку Росину, Галину Блейх.

П. Полонский
Иерусалим – Бейт - Эль
Шавуот 5774 г. – май 2014 г.

ОГЛАВЛЕНИЕ

Глава 8. ПЕСАХ – АКТУАЛИЗАЦИЯ В СОВРЕМЕННОСТИ

A. «Умножающий рассказ об Исходе достоин похвалы»

B. «Пе-сах» («уста говорящие»): свобода, слово и прогресс

C. Национальный и религиозный аспекты Исхода

Глава 9. ИЗБРАННОСТЬ ИЗРАИЛЯ

Глава 10. ШАВУОТ – РЕЛИГИОЗНОЕ И НАЦИОНАЛЬНОЕ СОДЕРЖАНИЕ

Глава 11. СООТНОШЕНИЕ ПИСЬМЕННОЙ И УСТНОЙ ТОРЫ

ГЛАВА 12. ВОЙНА И ЕЕ РЕЛИГИОЗНЫЙ СМЫСЛ

А. Необходимость духовного анализа войны

В. Мировые войны и создание Государства Израиля

С. Божественное как источник примирения людей

Глава 13. ДЕНЬ ИЕРУСАЛИМА – САМЫЙ НОВЫЙ ПРАЗДНИК ИУДАИЗМА

A. Дата 28 ияра – события этого дня в течение истории

B. Сущность Иерусалима

Глава 14. РЕЛИГИЯ И НАУКА

Глава 8. ПЕСАХ – АКТУАЛИЗАЦИЯ В СОВРЕМЕННОСТИ

А. «Умножающий рассказ об Исходе достоин похвалы»

1. Умножение рассказа об Исходе через его актуализацию в современности

В Пасхальной Агаде сказано: «И всякий, умножающий рассказ об Исходе, достоин похвалы». Какой смысл у выражения «умножающий рассказ об Исходе»? Как этот рассказ можно умножать?

Обычно под «умножением» подразумевают старания углублять понимание, вникать в смысл библейской истории Исхода, приводить разные объяснения и находить в ней новые, иногда неожиданные идеи.

Однако кроме углубления в анализ прошлого, существует еще и другой путь – актуализация этого рассказа в нашей жизни. И при втором подходе комментарий должен быть направлен на применение идей прошлого к современности, на развитие события – чтобы оно было не прошедшим и завершенным, но продолжало бы осуществляться сегодня.

«Умножать рассказ об Исходе через актуализацию» означает осознать, что из Египта вышли не только наши предки, но что это обязывает и нас самих тоже выйти из Египта и тем самым увеличить наш общий Исход. Таким образом, для проведения правильного Пасхального Седера нужно не только рассказать о прошлом, – но и реализовать Исход в настоящем, продолжив и увеличив его.

Ниже мы рассмотрим возможности актуализации рассказа об Исходе в разных аспектах.

В. «Пе-сах» («уста говорящие»): свобода, слово и прогресс

2. «Рот» («*пе*») объединяет все элементы Пасхального Седера

Мидраш, придавая слову «Песах» дополнительный смысл, интерпретирует его как сочетание двух слов: *пе сах*, «уста говорящие».

Все заповеди, относящиеся к Пасхальному Седеру, так или иначе связаны со ртом, *пе*: рот может функционировать или в процессе еды (действие «снаружи вовнутрь»), или в процессе рассказа (действие «изнутри наружу»). А в течение всего Седера мы или рассказываем, или едим. И больше того, сама еда в Песах особенная – это «еда как текст», она тоже является рассказом.

Интересно отметить, что каждый еврейский праздник связан с определенной частью тела, которая в этот праздник наиболее «задействована». В Рош hа-Шана это уши (заповедь *слушать* шофар), в Суккот это руки (*поднимать* лулав), в Хануку – глаза (*смотреть* на свечи). А в Песах главным является рот, на что и обращает наше внимание мидраш, объясняющий название праздника как «уста говорящие».

Важнейшую роль в процессе Избавления играет Слово – т.к. одним из главных аспектов освобождения является владение речью, возможность и умение говорить. Для реализации Избавления необходимо высвобождение речи, «свобода слова».

3. Высвобождение Слова

Положение раба проявляется, в частности, в том, что его мнение не важно, к его словам никто не прислушивается. Сказал Экклезиаст: «Мудрость жалкого презирают и слов его не слушают» (9:16). Если же к тебе прислушиваются – это уже само по себе свидетельство изменения статуса.

Подобным же образом, когда евреи находятся в изгнании, они в «рабском» статусе по отношению к народам мира – и поэтому их слова, их позиция в духовном плане не может свободно проявиться и не считается важной. Так, например, Ж.-Ж.Руссо говорил об этом: «Ученые в Сорбонне толкуют ветхозаветные предсказания о мессии так, что они относятся к Иисусу Христу. А раввины в Амстердаме заявляют, что эти предсказания не имеют к Иисусу ни малейшего отношения. Я же буду считать, что не имею возможности узнать действительное мнение этих раввинов – до тех пор, пока евреи не заведут себе свободное государство, школы и университеты, где они могли бы говорить и спорить открыто, ничем не рискуя. Тогда, и только тогда, мы сможем узнать их истинные мысли»[1].

По мнению Руссо, пока евреи находятся в рассеянии, они не являются по-настоящему свободными и не имеют возможности сказать миру то, что они думают. Лишь когда у евреев будут университеты и дома учения в своем государстве, они смогут вести диалог с другими народами. Пока у тебя нет уважаемого всеми политического положения, твои слова никто не слышит – да и сказать тебе нечего.

Влияние иудаизма на мир в эпоху изгнания было очень слабым. И хотя евреи добились больших успехов во многих областях культуры, – но то, что они могли сообщить миру именно в качестве иудеев, никого (кроме нескольких отдельных выдающихся ученых, таких как Пико делла Мирандола или Иоганн Рейхлин[2]) не интересовало.

Древнему иудаизму – в эпоху, когда евреи жили в своей стране, – было что сказать человечеству, и поэтому Библия переведена на все языки мира и стала основой Западной цивилизации. Но, уйдя в изгнание, мы мало что можем сказать другим народам, поэтому человечество перестает интересоваться иудаизмом. Религиозные евреи диаспоры воспринимаются окружающим христианским миром лишь в качестве «этнографического экспоната».

Сегодня понятие «иудео-христианская культура» является широко распространенным, но под ним обычно имеется в виду просто христианская культура, а приставка «иудео-» добавляется лишь как дань культуре-предшественнице.

Христианство провозглашало, что после его появления евреи утратили свою избранность, которая перешла к христианам. Евреи всегда протестовали против этого и утверждали, что в отношении избранности ничего не изменилось. Однако лишь сегодня, вернувшись в свою Страну, мы можем показать, что это было не голословное утверждение, что мы сохранили свой потенциал и теперь можем его реализовать.

В течение многих столетий, пока евреи жили в изгнании, рядом с другими народами, представители этих народов совершенно не интересовались иудаизмом. Кто-то немного старался познакомиться с Каббалой, кто-то немного с Талмудом, но таких были лишь единицы. В 20 веке интерес к иудаизму возрос необычайно – и это не случайность. Возвращение в свою Страну дало нашему рту возможность говорить. При этом мы зачастую не осознаем, что это изменение связанно не только с образованием государства Израиль но – и еще в большей мере! – с Шестидневной войной 1967 года, превратившей Израиль в Библейское государство.

4. Возросшее влияние «еврейского слова» в результате Шестидневной Войны

Непосредственно после образования государства в 1948 году Израиль и иудаизм еще не привлекали к себе серьезного внимания. Но сегодня ситуация совсем иная.

Например, небольшая военная операция в Газе в 2009 году притянула корреспондентов со всего мира и была освещена огромным количеством СМИ, притом что гораздо более масштабные и кровопролитные войны, происходящие в других частях мира, не привлекают пристального внимания прессы. Мировые СМИ уделяют всему происходящему в Израиле внимание несравненно – в сотни раз! – более значительное, чем аналогичным событиям в других странах такого размера.

Однако это проявилось в полной мере не с момента создания государства, а после Шестидневной Войны. В Шестидневную войну мы не только защитили себя, но при этом еще и овладели теми частями Страны Израиля, в которых в библейские времена находился центр жизни еврейского народа. Мы начали переход от «государства беженцев», государства-убежища – к Библейскому государству национального возрождения. Это изменение является не поверхностно-территориальным, но сущностным и кардинальным изменением характера Государства Израиль. И оно также выявило новые параметры еврейской свободы.

Вначале, в 1947 году, ООН выделила Израилю границы, в которые совсем не вошли Иудея, Самария, Иерусалим. В Войне за Независимость 1948 года Израиль смог занять и присоединить Западный (не древний) Иерусалим. И только в Шестидневную войну Израиль занял Старый Город Иерусалима, вместе со Шхемом, Хевроном и другими центральными местами библейского повествования. Именно тогда стало ясно, что создание Израиля является возрождением древнего еврейского государства, а не просто одним из многочисленных новосозданных в нашем веке государств. Произошел прорыв ТаНаХа в современность.

Тот факт, что Израиль действительно является Библейской Страной, тяжел для восприятия – не только для восприятия западного человека, но и для многих израильтян; поэтому все они ощущают потребность загнать Израиль в прежние рамки. На этом и основывается противодействие поселенческому движению, израильскому присутствию в Иудее и Самарии. Левых пугает не количество территорий, которое будет у Израиля, а то, что Израиль из «убежища для гонимых евреев» превращается в «государство, связанное с ТаНаХом».

С другой стороны, такое положение Израиля определяет новый уровень свободы, а, следовательно, и речи. Голос иудаизма звучит намного сильнее из Самарии и Иудеи, чем из Тель-Авива. Само представление о том, что иудаизму есть что сказать человечеству, что он несет в себе нечто существенное, серьезное, чего нельзя найти в сегодняшнем Западном мире, – появилось только после Шестидневной Войны.

И также после Шестидневной Войны иудаизм постепенно становится предметом, который начинают изучать во всем мире – во многих университетах открылись кафедры и направления еврейских исследований, стало очень распространенным и модным изучение каббалы как еврейской мистики, а в Южной Корее в последние годы стало популярным даже изучение Талмуда.

Этому сильнейшему явлению, воскрешению библейского Израиля, существует активное противодействие – и потому большая часть политических усилий в последние сорок лет, как со стороны народов мира, так и со стороны левых кругов Израиля, направлена на стирание нестерпимого факта раскрытия в Шестидневной Войне Божественного Присутствия. До сегодняшнего дня нерелигиозная часть Израиля стремится доказать, что «мы, в конечном счете, всего лишь часть западной культуры». Им трудно принять саму идею наличия у нас совершенно уникального послания миру.

5. От «10 Речений» через «10 Казней» к «10 Заповедям»

В первой главе Книги Бытия мир создается Десятью речениями Бога: «Пусть будет свет …, пусть будет небосвод...» и т.д. – и это слова Сотворения. А Десять Заповедей, которые народ Израиля услышал при даровании Торы на Синае – слова Откровения. Сотворение и Откровение – это два центральных проявления Всевышнего в нашем мире, и путь от первого ко второму проходит через Казни Египетские, которых тоже десять.

Связь между Десятью речениями Сотворения и Десятью заповедями Откровения понятна: весь мир создан ради того, чтобы в нем могло прозвучать Откровение. Но в чем связь и необходимость Десяти казней между ними?

Из того, что мир сотворен именно речениями – мы понимаем, насколько важную роль в Творении играет речь. Вместе с тем очевидно, что творящим может быть только свободное слово – лишь оно есть речение, подобное Божественному. Имея возможность свободно высказаться, сформулировать свою мысль, человек тем самым творит миры. В этом свобода человеческого слова параллельна свободе слова Божественного. «Несвободное слово» не может творить.

Речь Бога свободна. Но мир порабощен, и в нем действуют жесткие законы. Как же так получилось, что Божественное действие могло сотворить рабство? Ответ состоит в том, что рабство было сотворено для того, чтобы из него можно было выйти. Свобода не дана изначально, она должна быть приобретена путем преодоления рабства.

В нашем мире, полностью подчиненном законам природы, есть лишь одно творение Бога, которое остается островком свободы – человек. Во мраке природы, целиком находящейся во власти детерминизма, один лишь человек несет в себе искру свободы. Но эта искра – лишь потенциал свободы, и она должна перейти из индивидуально присущего человеку свойства в базовую ценность культуры. Это и совершается через Исход из Египта.

Египет был вершиной человеческой культуры древности, и при этом он был «домом рабства» (Исх. 13:3), антитезой свободы. Хотя мир был создан с потенциалом свободы, этот потенциал тогда еще не был реализован в мире, – и древний Египет, будучи центром культуры человечества, был олицетворением несвободы. Для активизации потенциал свободы должен был пройти через самую несвободную страну мира, реализоваться через Египет. Если свобода сможет проявиться в Египте, тогда она действительно оставит свой отпечаток в мире. Поэтому евреи должны были оказаться в рабстве именно в Египте, и именно из Египта они должны были выйти.

Свободная речь Бога застревает в глубинах египетского рабства, «Речения Бога» оказываются в Изгнании. Пасхальная Агада говорит, что наш праотец Яаков спустился в Египет «принужденный Божественным Словом» *(анус аль пи hа-дибур)»*. Обычное понимание этой фразы: «Бог приказал ему спуститься в Египет»; но в каббале это выражение объясняется иначе: само Божественное Слово *(дибур)* было принуждено спуститься в Египет, уйти в изгнание, чтобы потом освободиться из него. Египет перекрывал возможность реализации Божественного слова, и Яаков спустился, чтобы освободить его.

Теперь можно понять, почему путь от Десяти речений к Десяти заповедям проходит через Десять казней. В Божественный план входит не только Сотворение мира, но и раскрытие в нем Бога, Откровение, которое блокируется Египтом. Десять казней необходимы для преодоления Египта и перехода от Сотворения к Откровению.

Египет был «домом рабства» не только как политическая система – такой была вся его структура. Не только рабы были в рабском подчинении, но и их начальники были рабами вельмож, а те были рабами Фараона. Такая всеобъемлющая подчиненность отражала зависимость Египта от единственного источника жизни – Нила, который рассматривался египтянами как божество.

Система, построенная на рабстве, препятствует Божественному Откровению, поскольку в нем, так же как и в Сотворении мира, обязан проявиться параметр свободы. Отсутствие свободы ставит под сомнение смысл существования мира: Бог может вести диалог только со свободным человеком, иначе в диалоге нет смысла, а тогда нет смысла и в мироздании. Если нет Откровения, то теряет смысл и Сотворение.

Исход евреев разрушал саму базовую структуру Египта, а не просто выводил из него группу рабов. Через Исход в мир должна была проникнуть идея свободы, и только после этого возможно Откровение. При этом свобода не является одной из заповедей иудаизма, – но лишь потому, что она является фундаментом для всех заповедей вообще.

Именно в этом плане становится понятным, почему так важно было не просто уйти, но получить разрешение Фараона на Исход. Десять казней были следствием несогласия Фараона отпустить евреев. Но почему вообще Фараона нужно спрашивать? Если Бог решил вывести евреев из Египта, то, казалось бы, Он может сделать это и без разрешения Фараона. Кто он вообще такой, Фараон, что Богу необходимо было добиваться его разрешения?

Однако это разрешение было необходимо – потому что иначе вместо одного насилия (египетской системы) было бы осуществлено другое насилие (Исход). И хотя при этом Египет был бы побежден – идея свободы не была бы проявлена. Египет должен был признать, что есть право на свободу – именно это признание, а не Исход сам по себе, разрушает идею рабства. Только таким путем свобода может проникнуть в цивилизацию.

Поэтому для того, чтобы Десять речений Сотворения преобразовались в Десять заповедей Откровения, нужны были Десять казней

В этом смысле название праздника *пе сах*, «уста говорящие», имеет в виду не только наши уста, но и уста Творца миров, которые оказались запечатанными; и это Его речь выходит на свободу. И тогда неслучайно первая остановка после Исхода из Египта называется *пи ха-херот* (Исх.14:2) или, в другой огласовке, *пи ха-херут*, «уста свободы».

6. Высвобождение свободы: преодоление природного детерминизма

Преодоление природного детерминизма Египта началось за много лет до Исхода, когда Фараон увидел во сне семь тучных коров и потом семь тощих коров. Казалось бы, сны Фараона было легко разгадать – каждый ребенок поймет, что если вначале коровы были тучными, а потом стали худыми, то это значит, что вначале будет еда, а потом ее не станет. Для такой разгадки не нужно быть великим мудрецом. Однако когда Фараон приглашает всех колдунов Египта, никто из них не может разгадать сон. Потом он зовет Йосефа, и тот говорит: «Толстые коровы – это значит, будет много еды, а тощие – что потом будет нечего есть». Фараона это объяснение поражает настолько, что он сразу назначает Йосефа на пост премьер-министра Египта.

Почему же мудрецы Египта не могут разгадать такой понятный сон? Потому что сама мысль о том, что в Египте возможен голод, не приходит им в голову. Она означает, что природный порядок рушится. Ведь Нил всегда дает пищу, это закон природы, как же может случиться, что в Египте будет нечего есть? Египетские мудрецы даже не рассматривают всерьез вероятность голода. Чтобы произнести фразу «голод в Египте», они должны были преодолеть собственное видение мира, преодолеть преклонение перед природным детерминизмом.

В восприятии египтян Нил и другие силы природы – это боги, неизменные высшие силы. Теперь же мудрецы Египта должны принять идею, что Нил не божественен, он подвержен изменениям.

Идолопоклонство связано с постоянством законов природы, их детерминизмом, а чудо – это Личностное вмешательство Всевышнего, Творца мира, которое разрушает этот детерминизм. Поэтому египетские мудрецы были неспособны разгадать сон, и было необходимо, чтобы пришел кто-то извне, кто сказал бы, что в природе возможны изменения, а значит они возможны и в социуме. Таким человеком стал Йосеф, который называется *иври* (Быт. 39:14, 40:15, 41:12). В этом контексте *иври* это «пришедший извне»[3].

Таким образом, при Исходе происходит высвобождение измерения, до сих пор неведомого Египту, и весь мир узнает ценность свободы.

7. Три вида свободы

Есть три вида рабства – и, соответственно им, три вида свободы:

* Есть рабство юридическое – и освобождением от него является юридическая свобода, как личная так и общенациональная (политическая).

* Есть рабство перед неизбежными законами природы – и освобождение от него связано с чудесами, побеждающими природный детерминизм.

* Существует также «рабство отсутствия возможностей»: представление о том, что человек не властен над своей жизнью, что мир не может измениться к лучшему. Это пессимизм, непонимание того, что в мире существует нравственное про-

движение, что социум может улучшаться. Освобождение от такого представления – это позиция фундаментального жизненного оптимизма. Оптимизм включает внутреннюю свободу человека, которая дает возможность преодолеть свою собственную природу, свое дурное начало, понять что человек в силах справиться со своими природными склонностями.

Выход из Египта разрушил все эти аспекты рабства и дал три вида свободы, которые сосредоточены в Песахе:

(1) свобода политическая – выход рабов на свободу,

(2) свобода от природного детерминизма – казни Египетские,

(3) фундаментальный жизненный оптимизм, свобода от дурного начала – дарование Торы на Синае.

8. Идея прогресса

Преодоление детерминизма природы влечет за собой осознание необходимости прогресса. Когда человек понимает, что он *может* изменять мир, – он также понимает, что *обязан* это сделать. Такое представление о мире было совершенно новым явлением.

В Пасхальной Агаде говорится: «если бы Всевышний не вывел наших отцов из Египта, то мы и наши сыновья, и сыновья наших сыновей были бы рабами у Фараона в Египте». Но это довольно странное высказывание! Означает ли оно, что если бы не было Исхода из Египта 3300 лет назад, то древний Египет до сих пор существовал бы, мы до сих пор там бы оставались и над нами была та же власть Фараона? Ведь множество вещей прошли с тех пор и изменили мировой порядок – неужели наше рабство у Фараона осталось бы неизменным?

Смысл этой фразы из Агады в том, что Исход из Египта не только установил духовную ценность свободы, но и дал миру идею развития, прогресса, продвижения. Сегодня эти идеи считаются базовыми для человечества, но в то время мысль о том, что порядок вещей может меняться, была совершенно новой. Рав Кук говорит об этом, что если бы мы тогда не вышли из Египта, то «Фараон бы не умер». В процессе Исхода не только конкретный Фараон утонул в море, но Фараон как идея был духовно убит, потерпел поражение.

Представление о том, что можно изменить существующий порядок вещей ко всеобщему добру (а это и есть суть мессианства) – это западная мысль, существующая как в религиозных, так и в секулярных версиях, которая в основе своей является еврейской идеей. Идея прогресса, продвижения, развития – совершенно не существовала в тех культурах, которые не познакомились с еврейским подходом к миру. Поэтому Исход из Египта дает человечеству надежду на улучшение жизни, и если бы не он, то мы до сих пор жили бы в стране Фараонов и строили бы пирамиды, и человек даже не знал бы, что можно на что-то надеяться.

Идея прогресса была воспринята западной цивилизацией от евреев. В западном мире открытия астрономии, математики, картографии, технологические открытия, изобретение пороха и подобные проявления развития науки привели к культурному и социальному прогрессу.

При этом те же самые открытия, сделанные в Китае (например, порох, компас, печатный станок, способность вычислить путь по звездам и благодаря этому совершать далекие плавания были известны китайцам уже в 11 веке), не привели к прогрессу науки и общества. Компас считался магическим предметом, из пороха китайцы делали исключительно фейерверки, а за тридцать лет до похода Колумба китайский император посылал корабли повсюду, чтобы узнать, как выглядит мир, эти корабли доплыли до Африки и Аравии, – но когда они вернулись в Китай, корабли сожгли, т.к. любопытство императора было удовлетворено. Открытия не привели к культурным и социальным изменениям, поскольку в Китае не было и мысли, что «перемены – это хорошо», существует даже известная китайская поговорка-проклятие: «Чтоб ты жил в эпоху перемен!».

Когда западный человек видит, что в жизни есть проблемы, он задает вопрос: «Что надо делать, чтобы это изменить?» Сегодня, вследствие контактов с Западом, этот подход в значительной мере проник и на Восток, но в традиционных восточных культурах человек, сталкивающийся с проблемой, задает совсем другой вопрос: «Как с этим жить?». Он не спрашивает, как изменить мир – он спрашивает, как приспособиться к нему. Эта разница в подходах между Западом и Востоком возникла в результате еврейского влияния на Западный мир.

Источник идеи прогресса – Исход из Египта. Для восточного мировоззрения, не знакомого с Исходом, мир устроен циклично, а для западного – мир имеет вектор развития, и даже при наличии циклов жизнь развивается по спирали, а не возвращается к прежней точке.

C. Национальный и религиозный аспекты Исхода

9. Двойная структура Агады: национальная и религиозная

Пасхальная Агада построена как ответы на вопросы сына. При этом в тексте Агады есть два различных места, где задаются вопросы, причем и сами эти вопросы и ответы на них в этих двух местах несут разные идеи.

В самом начале Агады дети задают традиционные четыре вопроса *Ма ништана*, «Что отличает», в ответ на них Агада говорит: «Мы были рабами в Египте…», и добавляет, что даже самые большие мудрецы должны рассказывать об этом. Эти первые вопросы (как и ответы на них) несут национальную нагрузку: они не про заповеди Торы, а про наши национальные обычаи, о том, почему мы во время Седера совершаем то или иное традиционное действие.

Далее в Агаде снова от имени четырех сыновей (мудрого, нечестивого, простодушного и не умеющего спрашивать) спрашивается «о законах Песаха, которые заповедовал нам Господь наш», о смысле служения и т.д. Эти вопросы несут совсем другое содержание, религиозное.

Как же из содержаний праздника – национальное или религиозное – считать главенствующим? Ответ заключается в равноценности обеих сторон. Оба аспекта, и национальный и религиозный, одинаково важны и неразрывно связаны.

Иногда в еврейской истории религиозное и национальное противопоставлялись друг другу. Когда народ сделал тельца, Бог сказал Моисею: «Этот народ никуда не годится, давай Я произведу от тебя новый» (Исх. 32:10). Здесь и возникает дилемма, какой аспект – религиозный или национальный – является определяющим. Если определение евреев прежде всего связано с религией, то тогда все, кто находился в этот момент возле горы Синай, перестали быть евреями, поскольку они сделали идола и разрушили Завет. Но если считать евреев прежде всего народом, а не религией, то они, даже преступив, продолжают оставаться евреями.

По этому вопросу есть спор в Талмуде. Мишна в трактате Песахим говорит так: «Начинают рассказ [Агады] с предосудительного и заканчивают достойным восхваления». В более поздних поколениях возникло два подхода к тому, как в этой мишне следует понимать «предосудительное» и «достойное восхваления», и Талмуд приводит нам спор об этом. Первое мнение таково: «предосудительное» – это то, что мы были рабами, а «достойное восхваления» – то, что Господь вывел нас на свободу. Второе мнение: «предосудительное» – это то, что изначально «идолопоклонниками были наши отцы», а «достойное» – «приблизил нас Всевышний, чтобы мы могли служить Ему».

Этот спор сводится к вопросу, является ли Песах праздником национальным или религиозным. Для того, кто начинает с «мы были рабами», это национальный праздник, а для того, кто начинает с «мы были идолопоклонниками», это праздник религиозный.

В этом споре в Талмуде нет решения. Видимо, вначале в одних группах или общинах произносили только «мы были рабами», а в других только «мы были идолопоклонниками». Однако наш текст Пасхальной Агады, который был завершен в конце периода Талмуда (7 в. н.э.) дает объединенный вариант, излагая обе позиции. Но при этом вначале звучит «рабами были мы», т.е. национальная идея поставлена на первое место, предшествует религиозной.

10. Амбивалентность национальной независимости с точки зрения Мудрецов Торы

В тексте Агады есть еще одно важное указание на первичность национального параметра по сравнению с религиозным. После отрывка «если бы Бог не вывел нас тогда, то до сих пор мы были бы рабами в Египте» мы читаем: «И даже, если бы мы все были мудры, разумны и сведущи в Законе, все равно мы были бы обязаны рассказывать об Исходе». Странно – почему здесь сказано «даже»? Почему нужно подчеркивать необходимость выполнения заповеди для всех – ведь рассказывать об Исходе это заповедь (как, например, заповедь накладывать тефиллин, и невозможно представить себе, чтобы мудрецы написали: «И даже, если бы мы все были мудры, разумны и сведущи в Законе, все равно мы были бы обязаны накладывать тефиллин»). Что же здесь хотят сказать; разве не очевидно, что даже мудрецы и раввины должны исполнять заповеди?

Обратим внимание на то, что этот отрывок находится в первой части Агады, которая представляет нам национальную идею. В свете этого можно понять, почему возникает разница в отношении к «рассказу о выходе из Египта» простого еврея и мудреца. Простому еврею ближе национальный уровень, тогда как для мудреца более важны религиозные аспекты. Для простых людей ясно, что «рабство это плохо, а свобода совершенно необходима». Тогда как для мудрецов вопрос национальной независимости действительно может быть достаточно проблематичным – и мы можем ощутить это в проекции на наше время.

Кто, в сущности, более выигрывает от Исхода из Египта – мудрецы или простые люди? Конечно, простые люди. Простые люди очень не любят рабство. Они постоянно мечтают о том, что вот-вот придет время, и они выйдут на свободу. И когда они вышли – они рады, они благодарят Бога за то, что вышли. Мудрецы же вполне могут задаваться вопросом: а почему нельзя было просто попросить у Фараона религиозную свободу без политической?

Они спрашивают: «зачем вообще выходить из Египта? Разве нам нужно государство? Зачем нам все эти проблемы с армией, политикой, экономикой... Лучше мы попросим Фараона, чтобы он предоставил нам свободу вероисповедания в Египте! Фараон будет продолжать управлять государством, а мы сосредоточимся на служении Всевышнему». Ученые мудрецы могут быть не так уж и рады установлению государственной независимости. Если наша главная задача это реализация религиозных ценностей, – то может показаться, что лучше сидеть в изгнании, продолжая изучать Тору и Талмуд и соблюдая Шабат, и не иметь проблем с управлением государством.

Но Агада говорит, что даже мудрецы должны рассказывать об Исходе – и это знак того, что саму Тору (и возможность для мудрецов её изучать) народ не мог бы получить, не получив прежде независимость. Тора дана народу, когда народ уже существует и обладает государственностью. А это произошло после того, как потомки наших праотцев пережили рабство в Египте и вышли из него.

Народ предшествует Торе, а национальное предшествует религиозному. Поэтому, в частности, без еврейского государства не может быть полноценного иудаизма. Содержание Торы – это содержание универсально-государственное, а не только индивидуально-религиозное. Тора была дана для ее реализации в национальном плане, а не только в плане индивидуальном. Она дает святость обществу, народу, а не только индивидууму.

Реализация Торы происходит через диалог Бога со всем народом, и если народ не свободен, то диалог не может быть осуществлен. Мудрецы должны подчеркнуть этот аспект, когда они рассказывают о важности Исхода из рабства.

11. «И рассказывали об Исходе из Египта всю ночь»

Мы уже упоминали выше, что «умножать рассказ об Исходе» можно не только рассказывая, но и реализуя, актуализируя Исход в нашей жизни. Поучимся же этой актуализации из самой Агады: посмотрим, что происходило в период ее составления.

Сразу после слов «умножающий рассказ об Исходе достоин похвалы» идет история о мудрецах, рассказывавших об Исходе из Египта всю ночь. Мы относимся обычно к этому отрывку как к рассказу о встрече мудрецов для совместного празднования Песаха. Такое понимание основывается на слове *месубин*, «возлежать за трапезой», которое в дальнейшей еврейской традиции ассоциируется с позой свободного человека, которую мы принимаем во время Пасхального Седера. Но в ту эпоху, о которой говорит данный отрывок (2 в.н.э.), за обычной едой тоже возлежали, так что не очевидно, что история рассказывает нам именно о праздновании Песаха.

К этому рассказу есть много вопросов. Почему сказано «всю *ту* ночь», а не просто «всю ночь»? Что это за особая ночь? Кроме того, не понятно, где были в это время семьи всех этих мудрецов. Если это ночь Седера, то разве не надо было привести на праздник жен и детей? Все это происходит в Бней-Браке, городе раби Акивы, а раби Акива был одним из младших среди упомянутых здесь мудрецов – почему же эти пожилые и уважаемые люди пришли на Песах в дом к более младшему товарищу? И еще: если бы мы были учениками этих мудрецов и знали бы, что они собрались все вместе и обсуждают Исход из Египта, – мы, конечно же, сидели бы вместе с ними и слушали их рассказ, – а в Агаде сказано, что в конце ночи «приходят к ним их ученики и говорят». Где же эти ученики были всю ночь?

Непонятна здесь еще одна вещь. Время чтения утренней молитвы наступает с восходом зари, и мы понимаем, что пришло время ее чтения, когда видим свет на улице. Так что же, эти мудрецы сами не могли увидеть свет зари, надо было, чтобы их ученики сказали им: «Учителя наши, пришло время читать утреннюю молитву»?

Из этих намеков Пасхальной Агады мы должны понять, что они были в таком месте где не было света. Они были в подполье, и рассказывали о своем Исходе из Египта – всю *ту* ночь. Та, определенная ночь – это «ночь изгнания», а совсем не ночь Пасхального Седера. Видимо, они обсуждали и готовили восстание Бар-Кохбы, – не в практическом военном смысле, а в смысле духовном и идеологическом. Тогда становится понятно, почему они собрались в Бней-Браке: они пришли к раби Акиве как к идейному руководителю восстания; и также ясно, почему они сидели в закрытом помещении и не допустили на это обсуждение своих учеников.

Именно об этом говорится «И всякий, умножающий рассказ об Исходе достоин похвалы»: т.е. каждый должен сделать все возможное, чтобы выйти из изгнания. Первый Исход – выход из Египта – доказывает, что ты можешь выйти из подчинения чужой власти. Мудрецы в этот момент воспринимали восстание Бар-Кохбы как следующую стадию Исхода. В тот текущий момент Исход означал «выход из Римской Империи». Они умножали рассказ об Исходе действием, а не только словами. Они сидели всю ту ночь не для того, чтобы рассказывать об Исходе из Египта, – а чтобы актуализировать рассказ об Исходе для их эпохи.

Интересно, что именно ученики побуждают их к вынесению решения и реальным действиям. Учителя долго говорят и обсуждают, но когда приходит время действовать, решающей оказывается инициатива учеников. Подобным же образом во время Избавления пробуждение идет именно от молодого поколения.

«Время чтения утренней молитвы» – это восход, наступление зари, а Избавление это и есть рассвет. Он происходит постепенно, как рассвет в знаменитом мидраше: «Рабби Хия Старший и рабби Шимон бен Халафта шли по долине Арбель в предутренний час и увидели начало рассвета, луч которого пробился сквозь тьму. Сказал рабби Хия: как этот луч рассвета, так и Геула сынов Израиля – начинается едва-едва, очень помалу, но дальше усиливается» (Шир hа-ширим Раба, 6:10).

12. Исход в прошлом, в настоящем и в будущем

Мы рассмотрели два отрывка в первой («национальной») части Агады, которые рассказывают нам об Исходе в прошлом («Рабами были мы») и об Исходе на момент ее написания (отрывок о мудрецах в Бней-Браке). Но что же с Исходом в будущем? Об этом говорит третий отрывок: «Сказал рабби Элазар бен Азария: вот я выгляжу семидесятилетним, но я не удостоился [объяснить в чем смысл того], что следует говорить об Исходе из Египта даже ночью, пока это не разъяснил Бен Зома».

Речь идет о стихе из Торы, в котором дается заповедь «рассказывать об Исходе все дни жизни твоей». Слово «все» можно посчитать излишним, и эта избыточность намекает на некий дополнительный смысл. Об этом смысле существует спор мудрецов: означает ли это выражение *во все времена дня* (т.е. «даже и ночью»), или же оно означает *во все эпохи* («и в дни изгнания, и в дни Мессии»)?

Здесь Агада упоминает спор из Талмуда о том, будут ли помнить об Исходе из Египта в мессианские времена: сохранится ли тогда ценность рассказа об Исходе из Египта или будет реализовано пророчество Иеремии: «Поэтому вот, наступают дни, сказал Господь, когда не будут больше говорить: «Как жив Господь, Который вывел и Который привел потомство дома Израиля из земли Египетской», но скажут: Как жив Господь, Который вывел и Который привел потомство дома Израиля из страны северной и из всех стран, куда Он изгнал их, и будут жить на земле своей» (23:7).

Здесь идет спор о том, какое событие имеет больший религиозный смысл: Исход из Египта или мессианский «День Независимости». Если религиозный смысл будущего Избавления превышает смысл Исхода из Египта, то мы хоть и будем продолжать вспоминать об Исходе, но при этом основное религиозное переживание, более глубокое религиозное чувство, будет порождено новым Исходом: «Который вывел и, Который привел потомство дома Израиля из страны северной и из всех стран, куда Он изгнал их». Иными словами, национальное освобождение в мессианскую эпоху породит большее религиозное переживание, чем даже Исход из Египта, и будет иметь большее религиозное значение. И хотя освобождение из египетского рабства не забудется, но станет как бы второстепенным, поскольку новый Исход станет еще большим раскрытием Божественности.

Этот талмудический спор касается еще одного аспекта, а именно, правил чтения в вечерней молитве третьего отрывка

Шма (в котором говорится об Исходе из Египта). Мы видели, что Бен Зома объяснил смысл избыточности стиха Торы как основание к «упоминанию об Исходе даже ночью», а мудрецы видят смысл в том, чтобы «помнить об Исходе даже в дни изгнания». Но, если здесь слово «ночь» означает просто ночь (а не изгнание), то не совсем понятно, почему именно ночью вдруг не надо помнить об Исходе? Если же «ночь» понимается как изгнание, то смысл «упоминания об Исходе даже ночью» заключается в том, что даже в изгнании Исход не теряет своего значения, так как он послужил важнейшей основой наших представлений о мире.

Говоря о национальной стороне Исхода, мудрецы вовсе не имеют в виду, что в нем нет религиозного аспекта, – они лишь подчеркивают, что Бог проявляется в мире не исключительно через религиозный канал, но и через национальный, через статус еврейского народа. Когда еврейский народ в изгнании, то это воспринимается миром как «поругание Бога», а свобода еврейского народа – как «прославление Бога». И это связано также с тем, что без еврейской национальной свободы и государственности в мире не может быть полного божественного Откровения.

Надо отметить, что в целом Пасхальная Агада обращена вовсе не к прошедшему, но к будущему, к событиям мессианской эпохи, к концу истории. В ней нет никакой ностальгии по прошлому. Наоборот, она исходит из концепции незавершенности первоначального Исхода, из постоянного ожидания окончательного Исхода из Египта. Именно поэтому благословение, завершающее рассказ об Исходе, обращается к будущему: «Дай же нам дойти до остальных праздников Твоих, чтобы радовались мы воздвижению Твоего города и веселились в служении Тебе, и мы будем есть там от жертв и от Пасхальной жертвы». Далее говорится об ожидании мессианских времен: «И там мы воспоем Тебе новую песнь за наше освобождение и за искупление души нашей».

Т.е. мы живем все эти века в ожидании дня, когда можно будет прославить Бога, в ожидании мессианской эпохи. Псалмы прославления, «hалель», который мы говорим в Пасхальный Седер – это только начало, приготовление к тому, чтобы сказать эти псалмы в будущем, прославив окончательное освобождение.

Есть известный общий принцип, что три праздника, заповеданные Торой («Шалош регалим»), отражают начальный момент национальной истории, а добавленные к ним три праздника, установленные мудрецами, предназначены для большего раскрытия этих начальных моментов. Пурим раскрывает идею Шавуота (в Шавуот дарование Торы насильно, в Пурим – добровольное принятие Торы), Ханука раскрывает идею Суккота (и она построена по модели восьми дней Суккота). Третий же праздник должен раскрыть идеи Песаха. Этот праздник тоже будет установлен мудрецами, и мы надеемся, что им станет нынешний Йом hа-Ацмаут, День Независимости Израиля. Если в Песах возникла исходная идея национальной независимости, которая была нам дарована – то в Йом hа-Ацмаут эта независимость, при Божественной поддержке, была реализована нашими собственными усилиями.

13. Необходимость убеждения Фараона

Тора рассказывает нам об огромных усилиях, которые Всевышний прилагает, чтобы Фараон согласился на Исход евреев из Египта. Очевидно, необходимо было именно переубедить его, а не просто убрать с дороги. Фараон был действительно значительной фигурой. Читая историю Исхода, мы постоянно встречаемся с ним, – но при этом его значение и величие зачастую ускользают от нас.

Фараон – это царь Египта; Египет же – величайшая из человеческих культур той эпохи, огромная империя. Фараон, по сути, возглавляет все человечество, – и то направление, которое он выберет, будет вектором движения истории. Уровень ответственности Фараона огромен.

И вот однажды к нему приходят два старца, духовные руководители сословия рабов, и говорят: мы пришли сообщить тебе, что ты должен отказаться от основы всей экономики империи, от рабов. Более того – те, кто сейчас является твоими рабами, станут направлять историю вместо тебя. Нормальной реакцией Фараона было бы или убить их, или посадить в сумасшедший дом.

Но вместо этого Фараон проявляет необычайную интеллектуальную честность и говорит: да, я могу согласиться, но при одном условии – что вы меня убедите. Он говорит: «Кто такой Господь, чтобы мне слушаться Его?» Такая форма отказа содержит в себе возможность согласия. Это означает: если я действительно узнаю, кто такой ваш Бог, голоса которого я должен послушаться, то я, возможно, соглашусь.

Вопросы Фараона очень серьезные, ведь ему надо взять на себя огромную ответственность и лишить Египет его могущества только потому, что пришли два человека, с которыми разговаривал Бог! Поэтому Моисей так старается столкнуть Фараона с Богом, чтобы Бог сам объяснил ему правоту евреев.

В конце Десяти казней Фараон действительно освобождает евреев, – но мы обычно не осознаем, насколько это действие Фараона является странным, насколько оно противоречит логике. Ведь Бог говорит Фараону: «отпусти Моего первенца, или дело дойдет до того, что твои первенцы будут поражены». Фараон не отпустил – и Бог поражает первенцев. Казалось бы, этим Фараон заплатил по счету, и для него не имеет никакого смысла отпускать евреев после этого. Поэтому очень странно, что он, в конце концов, отпускает народ.

Объяснение заключается в том, что Фараон действительно убедился в еврейской правоте – и именно поэтому отпустил евреев. Доказательством служат его слова: «Я отпущу вас, и принесете жертвы Богу, Всесильному вашему, в пустыне – только далеко не уходите! Помолитесь за меня!» Т.е. он признает, что народ Израиля – действительно та группа людей, которая может спасти человечество, и что стоит доверить продолжение истории именно ей.

14. «Откровение Бога для Египта» – выяснение того, кто настоящий первенец

Египет или Израиль – кто из них настоящий первенец? Кто направит дальнейшую историю человечества? Кто будет определять развитие цивилизации?

Тора рассказывает, что Бог создал наш мир, и в этом мире Он создал также народы, и в числе других народов Израиль, и однажды Он решил открыться одному из народов. И оказывается, что этим первым народом, который удостоился откровения Бога, – был Египет, а вовсе не Израиль! Как сказано: «И узнают египтяне, что Я – Бог» (Исход 14:18).

Если бы мы спросили евреев в Египте: «Каким было Откровение Бога?», они бы ответили: «А ничего вроде и не было...» – «Разве не было так, что Нил наполнился кровью?» – «Нет, я пил нормальную воду» – «И ты не видел, как тьма опустилась на три дня?» – «Нет, в нашем поселке был свет». – «А как же казнь первенцев?» – «Ну, слава Богу, с моим первенцем все в порядке».

В Египте для египтян Откровение произошло в виде казней, «отрицательное откровение», – но евреям в Египте вообще не было откровения. Если бы мы спросили евреев: «Кто вывел вас из Египта?», они бы сказали: «Фараон отпустил, Моисей вывел». И вот через пятьдесят дней на Синае Бог решает открыться евреям: «Это Я вывел вас из Египта» (Исход, 20:2). А вы не знали...

И тут Десять казней превращаются в Десять заповедей. И тогда народ Израиля также удостаивается Откровения. Таким образом, Египет – это как бы «пред-Израиль». Египет – утроба, место формирования еврейского народа.

15. Наше самосознание построено на противопоставлении Египту

В Танахе три народа называются «начаток» («решит»): Израиль – «начаток плодов Его» (Иеремия 2:3), Амалек – «начаток народов» (Числа 24:20) и Египет : «и поразил каждого первенца в Египте, начаток силы в шатрах Хамовых» (Псалмы 78:51). То, что Амалек хочет уничтожить Израиль, что он находится в оппозиции к Израилю – это понятно. Но то, что и Египет является антитезой Израилю – не столь очевидно.

Для Израиля очень важно отделиться от египетского подхода к жизни. Символом этого отделения от Египта служит тефиллин, который надевается на лоб – то же место, куда жрецы Египта надевали урей, изображение змеи, символ бога Тота. Слово «тотафот» (Втор. 11:18), название головного тефиллин, не имеет никаких родственных связей в иврите, но с египетского оно может быть переведено как «вместо Тота». Тефиллин при этом совершенно иной формы, они квадратные, что символизирует собой мораль, в отличие от круглой змеи, символа Тота, символизирующей природу[4].

Самоидентификация евреев формируется на двух противопоставлениях – как Египту, так и Амалеку, потому что каждый из этих народов тоже «начаток». Египет реализует базовую идею природности, а Амалек изначально культивирует зло. Наш выход из Египта – это преодоление естественности, а борьба с Амалеком – борьба со злом.

Для того чтобы идентифицировать себя, нужно понять, что является антитезой. Зло и природность – две антитезы предназначению Израиля. Главный приоритет Израиля – стремление к добру. Он противопоставлен как природности Египта, в которой нет места никакой свободной воле, так и злу Амалека.

Мы проявляем наше самосознание, построенное на преодолении и отвержении Египта, надевая на лоб измененное египетское украшение, наш орден за победу над египетским взглядом на мир.

D. На Море

16. Испытание свободой: почему Фараон бросился преследовать евреев?

Убедившись в действительном могуществе Бога и в том, что евреи Его народ, Фараон отпускает их. Почему же после этого он начинает преследование? Фараон сказал: «Да, вы показали, что имеете право на свободу. Но теперь вы должны доказать, что можете удержать это право – что будучи свободными, сможете достойно реализовать этот потенциал, правильно воспользоваться свободой».

Когда народ выходит на свободу и начинает сам принимать ответственные решения – мера суда в отношении него усиливается. Продолжит ли Бог защищать вас?

Современный мир декларирует право на свободу каждого человека, но не всегда помнит, что это право можно потерять, неправильно им распорядившись. И только когда евреи, перейдя море, сумели продемонстрировать свою способность использовать свободу, – только тогда Фараон-Египет подтверждает их права.

17. Четыре группы евреев

Мидраш объясняет, что когда евреи стоят перед морем, а Фараон их догоняет, то народ разделяется на 4 группы:
- первая группа говорит, что надо всем броситься в море и утопиться,
- вторая группа говорит, что надо всем вернуться в Египет,
- третья группа говорит, что надо воевать,

- четвертая группа говорит, что надо молиться.

Моисей говорит евреям: «Не бойтесь, стойте и увидите спасение Господне, которое Он сделает вам ныне; ибо Египтян, которых видите вы ныне, более не увидите вовеки. Господь будет воевать за вас, а вы молчите» (Исход 14:13)

Мидраш говорит, что это был ответ всем четырем группам:
- «Стойте» – ответ первой группе: не надо топиться в море.
- «Такого Египта вы больше не увидите» – ответ второй группе: возвращение невозможно.
- «Бог будет воевать за вас» – ответ третьей группе, говорившей «давайте воевать».
- «А вы молчите» – ответ четвертой группе, призывавшей молиться.

Получается, что ни одна из этих четырех групп не предлагает правильного решения. Кто же тогда прав? Моисей вопиет к Богу, требуя ответа, какая группа права, – а Бог говорит ему, чтобы он сам нашел ответ. На самом деле, Бог говорит не о том, к какой группе нужно присоединяться, а о том, откуда должно прийти решение, потому что ответ в экзистенциально-критической ситуации приходит не через признание чьей-то правоты – но через действие, создающее новую ситуацию.

В конечном итоге море расступается. Но для этого Нахшон бен Аминадав (руководитель колена Иеhуды), входит в море и начинает идти вперед. Он не бросается в море в смысле самоубийства, как это предлагала первая группа, но создает рассечение моря.

Ситуация представлялась совершенно безвыходной, ни один из первоначальных планов не мог привести к результату. В жизни часто случается, что все имеющиеся планы безнадежны, и тогда к успеху может привести только создание новой ситуации. Результативным является не выбор из имеющихся вариантов действия, а создание новой опции.

Схожее положение возникает при выборе Ицхаком главного из своих сыновей: он пытается выбирать из имеющегося и поэтому выбирает Эсава, так как Яаков не способен быть руководителем. А вот Ривка не выбирает из имеющегося, она строит новый персонаж – делает «Яакова под Эсава» (внешне это выглядит как переодевание в одежду Эсава и обматывание рук волосатыми шкурками). Яаков принимает на себя часть Эсава и говорит «я первенец твой»; и далее вся история Яакова – это его постепенное «об-Эсавливание», с тем, чтобы он мог реализовать свою задачу. Он берет в жены Лею, потенциальную жену Эсава, побеждает ангела Эсава, и в конце концов, приобретя необходимые качества Эсава, становится Израилем[5].

Таким образом, настоящий выход из кризиса – это создание новой опции. При выходе из Египта это означает сделать так, чтобы море расступилось.

Действие Нахшона бен Аминадава – это политика установления нового «статус кво». Мы входим в море, потому что море должно расступиться. И хотя не видно, чтобы оно в действительности расступилось, но мы делаем действия, которые нужны и которые правильны. На вопрос «А можно ли вообще перейти через море?» мы отвечаем не теорией, а действием – и когда мы пройдем достаточный путь, море расступится.

Поэтому позиция «просто молиться» – неправильная. Молиться нужно, но не следует надеяться, что одна лишь молитва принесет результаты. Она должна быть частью действия; не решением проблемы, но только помощью в решении.

ПРИМЕЧАНИЯ

1 Ж.-Ж. Руссо. «Эмиль, или о воспитании», часть 4, «Исповедание веры савойского викария». Подробнее он поясняет эту идею так: «Ведь даже и те из нас, кто имеет возможность вступать в беседы с евреями, также не много преуспели в понимании их. Несчастные чувствуют себя в нашей власти; тирания, проявляемая по отношению к ним, делает их робкими; они знают, что христианскому милосердию ничего не стоит проявить несправедливость и жестокость; что могут они сказать, не рискуя навлечь на себя обвинение в богохульстве? Алчность увеличивает наш христианский пыл, а они слишком богаты, чтобы не быть виноватыми. Кроме того, наиболее ученые и просвещенные из евреев всегда наиболее осмотрительны. Вам, быть может, и удастся обратить в свою веру какого-нибудь бедняка, который за определенную мзду согласится изменить вере отцов; вы заставите вторить вам одного-двух жалких старьевщиков, уступивших, чтобы польстить вам; вы станете торжествовать над их невежеством или трусостью, тогда как их раввины лишь молча улыбнутся вашему недомыслию. Но неужели вы полагаете, что там, где они чувствуют себя в безопасности, их можно дешево купить?... В Константинополе турки приводят свои доводы, а мы не смеем привести свои; в чужой монастырь со своим уставом не ходят. Если турки требуют от нас такого же почтения к Магомету, в которого мы не верим, какого мы требуем от евреев к Иисусу Христу, в которого они верят не более, чем турки, – то виноваты ли турки? Правы ли мы? На какой разумной основе мы разрешим этот вопрос?»

2 Джованни Пико делла Мирандола (1463-1494) – знаменитый итальянский мыслитель, углубленно изучавший творения арабских и еврейских философов, в том числе и Каббалу, стремясь охватить духовный опыт разных времен и народов. Иоганн Рейхлин (1455-1522) – выдающийся немецкий философ, гебраист и исследователь еврейской литературы, теологии и Каббалы.

3 Мидраш называет так Авраама, производя *иври* от *маавар*, «переход с другой стороны [реки Евфрат]». По прямому смыслу слов

Торы *иври* - это потомок Эвера, правнука и духовного наследника Шема, сына Ноя (Быт. 10:21).

4 Противостояние между прямым-моральным и круглым-природным базируется на противопоставлении «круг» и «луч» в лурианской каббале. Подробнее об этом см. http://ejwiki-books.com/audio_kabbalah.html.

5 Подробнее об этом см. «Праотцы в динамике», ч. 3, «Ицхак и Яаков», гл. 21 и 27.

Глава 9. ИЗБРАННОСТЬ ИЗРАИЛЯ

1. Избранность Израиля – один из центральных принципов иудаизма

Тора утверждает, что Израиль – «избранный народ» («*ам сегула*» – Исх. 19:5, Втор. 7:6). Это положение повторяется неоднократно в Талмуде и в других еврейских источниках и является одним из краеугольных камней иудаизма. Принцип еврейской избранности является не только умозрительно-философским положением, из него есть и практические следствия: как в смысле ответственности и обязанностей, которые он накладывает на нас, так и в возможностях, которые он нам предоставляет.

При этом мы часто встречаемся с неверным восприятием избранности. В данной главе мы проанализируем и постараемся осознать, что собой представляет еврейская избранность, что за собой влечет и как нам с этим жить.

2. Два вида избранности: *сегула* и *бехира*

Следует разделить между двумя видами избранности, которые называются на иврите *бехира* и *сегула*. Оба слова переводятся на русский язык одинаково, но в оригинале это два разных понятия, и нам необходимо осознать разницу между ними.

Сегула – это «особость», это та избранность, которая присуща от рождения и неизбывна. Неизбывность еврейской избранности в этом плане выражается в том, что, родившись евреем, человек остается им навсегда, и она накладывает отпечаток на все его действия, даже если на сознательном уровне он отвергает ее. В любой другой религии тот, кто совершенно отошел от религии и тем более сменил ее, перестает быть членом конфессии. Но с евреями ситуация иная: даже отойдя от иудаизма, он все равно не перестает быть евреем и остается носителем еврейской избранности-*сегула*.

Эта неизбывность принадлежности к еврейству показывает, что последователи иудаизма являются не только религиозной группой, но также и народом.

При этом избранность-*сегула* получает также и человек, прошедший гиюр (что накладывает на него существенные обязательства), а дети геров получают ее при рождении, как и все остальные евреи. Таким образом, *сегула* определяется не кровью и не генетикой, а принадлежностью к еврейскому народу.

Само слово *сегула* означает «особенное сокровище», как у царя, который хранит все свои ценности в сокровищнице, есть и такие которые лежат отдельно, в шкатулке. Богу принадлежит все: и вся земля, и все человечество, но есть у Него некая особая группа, называемая еврейский народ. *Сегула* отражает божественный замысел, который заложен в еврейском народе.

Второй термин для избранности, *бехира*, означает совсем другое понятие. Это «избранность вследствие заслуг» – особый статус, даруемый Всевышним по определенным причинам: за высокий уровень достоинства и праведности, за изучение Торы и поиск истины, за хорошие дела и продвижение окружающего мира.

Бехира по своей сути гораздо ниже, чем *сегула*, однако в жизни *сегула* проявляется пропорционально *бехира*. А именно, когда еврей правильно реализует свою *бехира* – правильно себя ведет, продвигается в нужном направлении, то он не только приобретает *бехира*, но и получает возможность более полного раскрытия своего качества *сегула*. Или, иными словами, получает вдвое большую награду – увеличение и своей *бехира*, и дополнительные возможности от *сегула*.

Сегула, «избранность-от-рождения», неверно трактовать как некоторый атрибут сверхчеловека. Скорее можно определить ее как свойство «правильной человечности», правильной реализации своей человечности, правильного направления человеческой идентичности.

На общенациональном уровне (т.е. как народ в целом, а не отдельные индивидуумы) сегодня таким качеством обладает лишь еврейский народ. Но еврейской миссией является поднять на этот уровень все человечество – и именно *сегула* позволяет еврейскому народу продвигать человечество к этой цели.

3. «Семейства» в отличие от «народов»

Чтобы разобраться в понятии «общенациональной избранности», *сегула,* обратимся сначала к процессу возникновения народов мира, описанному в Торе в разделе Ноах, и лишь потом перейдем к избранию Авраама.

В десятой главе Книге Бытия рассказывается о расселении народов по земле после Потопа. При этом говорится: «это сыны Шема по семействам их по языкам их; по странам их по народам их» (10:31), и аналогично о сыновьях Яфета и Хама (10:5,20). Здесь есть два вида связей: «семейство-язык» и противопоставляемая ей «народ-страна» («семейства по языкам, а народы по странам»).

В иврите есть два слова, которые переводятся как «язык»: *лашон*, «язык во рту», и *сафа*, «губа». *Лашон* – это внутренний язык, он отражает представление о мире, культуре, это понятийный язык данного общества. *Сафа* – внешний язык, язык коммуникационный, инструмент передачи и получения информации. В начале истории, когда человеческая группа называется *мишпаха*, «семейство», – для обозначения понятия «язык» используется слово *лашон*.

Далее, в истории Вавилонской Башни, когда говорится «и на всей земле был язык один» (11:1), используется другое слово, *сафа*. Таким образом, к началу строительства Вавилонской башни уже существовали народы с собственной самобытной культурой, с наличием собственного внутреннего языка, *лашон*, наряду с которым существовал еще и язык общей коммуникации, *сафа*. Вследствие строительства Башни общая коммуникация была уничтожена Богом, — но при этом новые языки не возникли, поскольку эти разные языки и так уже были у народов.

Мы видим, что изначально группы внутри человечества существовали как «семейства земли» и различались по своим культурам. Но когда произошло территориальное разделение и они разошлись «по странам их», тогда семейства людей превратились в народы, *гоим*, политические персоналии.

Семья ориентирована на интеграцию. Браки не заключаются внутри семьи, наоборот внутрисемейные браки запрещены. Семья через брак и общих детей, общее будущее – соединяется в одно целое с другими семьями. Народ же, напротив, ориентирован на обособление, на заключение браков внутри народа. В отличие от семьи, народ формирует понятие «чужак»: тот, кто не относится к народу и поэтому подозрителен, представляет собой потенциальную опасность. В определенном смысле каждый народ рассматривает себя как человечество в миниатюре, как «людей», а на всех прочих смотрит как на «варваров». Тот, кто выходит за пределы этого «национального пространства», выходит тем самым за пределы собственно человеческого.

Отношения между семействами обычно дружеские. Между народами же обычное состояние – это война. Поэтому когда пророк, говоря о будущих временах, утверждает, что «народ не поднимет больше меча на народ и не будет больше учиться воевать» (Исайя 2:4), то это совершенно новая и очень необычная идея.

Даже когда между народами устанавливается мир, он, по сути, лишь переход к дипломатической войне. В промежутке между двумя горячими войнами занимаются войной холодной, политической, экономической и идеологической. Так или иначе, всегда остается базовая вражда – исконная вражда между народами. Подытоживая, можно сказать, что в тот момент, когда определение «над-личностной общности» переходит от культурного к территориальному, от внутренней связи к обороне и захвату – создается база для войны. Уже в самом разделении на народы заложена опасность войны. И поэтому сразу после Потопа, после расселения и разделения человечества – возникает намерение эти народы объединить и интегрировать с помощью «Башни высотою до неба».

4. Вавилонская башня – неудачная попытка объединить человечество

История Вавилонской башни – это попытка преодолеть национальную разделенность, сформировать единое человечество, объединив всех вокруг строительства Башни.

Декларированная цель Башни – избежать нового Потопа. Мидраш комментирует решение этой постройки так: «Они сказали: один раз в 1656 лет (период от Сотворения мира до Потопа) небесный свод рушится, как это было во время Потопа. Давайте сделаем для него подпоры».

Это очень опасно, когда небесная твердь рушится на землю. В древней Европе кельты, народ героев, ярость которых вошла в поговорку – ничего не боялись, кроме одной единственной вещи, что «небо упадет на землю». Это было выражением «страха перед небесами». Они боялись, что их поведение не будет соответствовать небесной системе ценностей. Небеса символизируют моральные ценности. Когда говорят, что «небо падает», имеется в виду, что «Небеса обвиняют людей» в несоответствии высшей иерархии ценностей. Возможно, наличие этого представления в кельтском фольклоре – рудимент времен Вавилонской башни.

Поколение Вавилонской башни пыталось решить эту проблему. Во-первых, Башня была призвана заменить людям Бога. Все люди были заняты на ее строительстве. А поскольку для такого строительства требовалось очень много времени, то люди рождались, взрослели, старились и умирали, а Башня все еще продолжала строиться. Все человечество было занято только одним великим делом, и таким образом великая стройка выполняла функцию Бога, способствовала возвышению человека и единству человечества, так как люди перестали заниматься вещами, разделяющими их. Единственным занятием и единственной целью было строительство.

Определение цели «высотой до неба» означает, что проект в принципе не может быть завершен, он будет занимать все человечество всегда – и эта общая задача, поглощая все их мысли, не оставит времени для войн.

У строительства была своя цена – стирание человеческой личности. Попытка построить такую башню действительно приводит к некоторому уровню единства, но ценность личности при этом совершенно стирается. Мидраш «Пиркей де раби Элиэзер» описывает это так: «Если во время стройки человек падал с башни, никто не обращал на это внимания, но если падал кирпич, все сидели и плакали и говорили: когда же у нас будет замена этому кирпичу». Т.е. общечеловеческое предприятие стало важнее, чем сами люди.

Этот мидраш описывает нам унификацию в единую систему, когда *сафа*, коммуникация, становится выше, чем *лашон*, отдельная самостоятельная культура, и вытесняет его. Попытка загнать всех в один проект и сделать одинаковыми приводит в конечном итоге к нивелированию личности. Поэтому проект Башни был прерван Всевышним, и человечество вернулось к раздробленности.

Получается, что у людей существует выбор между двумя равно ужасными вариантами: первый это раздробленное человечество, занятое бесконечными войнами, а второй это единое унифицированное человечество с одним единственным типом идентичности, где происходит уничтожение человеческой самости и самобытности разных групп, исчезает многообразие и красота. А если дать жить красоте и многообразию, то это в итоге приводит к столкновениям и войне.

Понятно, что оба этих варианта неприемлемы в качестве позитивной перспективы. И на фоне этих двух неудовлетворительных вариантов, появляется совершенно новый путь развития человечества: путь единства через создание единого корня – еврейского народа. В рамках этого варианта нужно не делать всех одинаковыми, а суметь соединить многообразие. Не унификация, а сопряжение, когда каждое человеческое сообщество, сохраняя свою особенность и самостоятельность, является частью общего.

Еврейский народ избран, чтобы стать общей точкой пересечения всего человечества и объединить его.

На данном этапе евреи действительно, в определенном смысле, объединяют человечество, причем по двум параметрам: как база для христианской и мусульманской цивилизаций, которые стоят на еврейской основе, и как «центр неравнодушия человечества» – поскольку отлично служит этой объединяющей цели уникальная способность еврейского народа никого не оставлять равнодушным. Часть человечества относится к евреям хорошо, часть плохо или очень плохо, но по степени неравнодушия евреи явно «идут впереди планеты всей».

5. Задача Авраама: объединить человечество как мозаику разнообразных

После крушения проекта Вавилонской Башни в Торе появляется Авраам и его семья. Ему поручена задача: сформировать новую схему интеграции человечества, чтобы оно было не единое и не раздробленное, но объединенное.

Поручая Аврааму его миссию, Бог говорит: «И Я сделаю тебя народом великим... И благословятся тобой все семейства земли» (Быт.12:2). Народы обозначены в этой формулировке как «семейства», т.е. хотя и различные, но не противостоящие друг другу; и все они благословлены через потомков Авраама. Это означает, что различие между народами сохранится, каждый из «семидесяти народов» будет развивать свою культурную уникальность, но одновременно с этим найдется точка встречи всего человечества через дополнительный народ, который станет центром такого объединения.

Вопрос взаимоотношений с евреями необычайно существенен для многих народов, иногда даже до такой степени, что самосознание того или иного народа в некоторых аспектах формируется через призму его отношения к евреям и еврейскому народу[1]. Мы постоянно ощущаем пристальное внимание всего мира к происходящему в Стране Израиля. Внимание к евреям и еврейскому государству не пропорционально ни количеству, ни значимости событий. При этом современная цивилизация переняла у нас огромное число духовных и культурных ценностей, и базовые религиозные представления большинства народов мира основываются на монотеизме еврейской Библии.

Такое неотступное внимание к нам и такой огромный вклад евреев в мировую культуру отражают избранность еврейского народа. В некотором смысле это ставит евреев в центр цивилизации. Так это выглядит через четыре тысячи лет после того, как Бог избрал Авраама. Нам остается признать, что эта избранность действительно реальна.

Итак, Божественный план в избрании Авраама был направлен на реорганизацию человечества в объединение семейств, *мишпаха*. Но для этого сами евреи должны стать народом, *гой*. Поэтому когда сказано «Лех Леха» – «иди с земли твоей, и с родины твоей, и из дома отца твоего на землю, которую укажу тебе» (Быт. 12:1), то далее подчеркнуто «И Я сделаю тебя *гой*, народом». Но мы же уже отмечали, что быть «народом» – это не очень хорошо, это источник проблем! Казалось бы, должно было бы быть написано: «И сделаю тебя *мишпаха*, семьей» Но в Торе написано именно «народом».

Мы говорили, что процесс перехода от семейств к народам создает проблемы для человечества, так как народы начинаю воевать между собой. Фраза из пророчества Исайи «не поднимет народ меча на народ» только подтверждает тот факт, что война является естественным состоянием, нормой международных отношений. То, что люди живут семьями и в семьях развивается культура – явление позитивное. То, что семьи превращаются в народы и в них проявляется национальная жизнь – явление естественное. Если бы при этом у народов не терялось осознание себя как «разных семейств одного общего человеческого рода», все было бы в порядке. Но это чувство единства теряется.

Именно для возвращения человечеству этого единства приходится создать особое племя – Израиль. Он предназначен для появления у народов точки соединения и через нее – возрождение человечества на уровне «объединения семейств».

Божественный план состоит в сплетении человечества в единство мозаики, а не единство однообразия. И это создается через еврейский народ.

Национальное чувство евреев, в отличие от других народов, должно с самого начала быть направленным на универсальность, на исправление всего мира. Еврейская «универсалистская национальность» должна сформировать единую систему ценностных координат для всех других народов, создав тем самым возможность для единства многообразия и превращения заново всех народов земли в семейства.

В книге пророка Захарии (14:16, этот отрывок из Пророков читают в праздник Суккот) мы видим описание войны, с которой все народы пойдут против Иерусалима и в которой народ Израиля выйдет победителем. Интересно описание происходящего после победы: «И каждый оставшийся из всех народов, приходивших на Иерусалим, будет подниматься из года в год, чтобы поклониться царю, Господу Воинств, и праздновать праздник Суккот. И будет, то из семейств земли, которое не поднимется в Иерусалим, чтобы поклониться Царю, Господу Воинств, не будет над ним дождя. И если семейство Египетское не поднимется и не придет, то не будет у них разлива Нила».

Таким образом, последовательность событий такова: народы воюют с Иерусалимом (возможно, что сама война будет в духовной сфере) и терпят поражение, после чего в них вместо уровня «народ» проявляется уровень «семья», и в этом новом качестве они приходят в Храм. Они приходят туда как представители семейств, а не народов, и наступает единство человечества вокруг Храма, с сохранением его многообразия.

Задача еврейского народа – создание такого духовного центра, вокруг которого смогут объединиться все народы. Настоящий мир может наступить только при наличии этического чувство общности между народами, при сохранении существенных различий между ними в культуре, языке и других аспектах. Это этическое чувство общности основано на осознании себя как части человеческой цивилизации.

Важно отметить, что этот еврейский идеал будущего человечества существенно отличается от христианского и исламского идеалов.

Христианство – религия индивидуумов, а не народов, и у него вообще нет идеи, что народы представляют собой нечто духовно ценное. С точки зрения христианства такая единица как «народ» духовно несущественна. И хотя исторически в христианстве появилось много национальных церквей, но это был скорее государственно-политический, чем духовно-национальный процесс.

В исламе «умма» – это «единый исламский народ», а все отдельные народы совершенно не нужны. В этом плане показателен тот известный факт, что арабский национализм был придуман арабами-христианами, а не мусульманами – ведь национализм противоречит исламской теологии; и те арабы, которые его создавали, были объявлены «еретиками» и посажены в тюрьму.

С точки зрения атеистов-марксистов имеет значение только экономическая система. То, что есть у народов специфического, является с их точки зрения просто внешней оболочкой для одного и того же содержания (отсюда марксистская формула искусства как «национальное по форме, социалистическое по содержанию»).

С еврейской же точки зрения, у каждого народа есть не только свой язык, но и свое особое содержание культуры. Это содержание надо интегрировать не в одинаковость, а в «единство, сохраняющее разнообразие».

Универсальные религии – христианство, ислам, буддизм – отличаются от иудаизма тем, что вообще не принимают к рассмотрению народ как нечто целое, имеющее важные индивидуальные качества. Они пытаются построить единую систему для всех своих последователей, рассматривая их лишь как индивидуумов. И только иудаизм предлагает каждому – не только каждому человеку, но и каждому народу – выстроить свою собственную религиозную систему, сохраняя общее моральное ядро, но по-разному реализуя свою духовную жизнь. Именно такой подход дает возможность осуществиться общей для всего человечества религиозной системе.

В ТаНаХе при описании мессианского времени подчеркивается индивидуальность каждого народа, у пророка Захарии в Храм приходят представители «семейств земли». Не просто люди как индивидуумы, а именно как представители народов-семей. Для того, чтобы достичь этого, еврейский народ должен пройти долгий путь, и неслучайно он противопоставляет себя всему миру, как сказано в мидраше про Авраама: «Весь мир с одной стороны, а он с другой». Еврейская миссия вызывает у других народов как уважение, так и ненависть. В сущности, антисемитизм – это реакция на избранность. Но, как хорошо известно психологам, у ненависти есть немалый шанс превратиться в любовь, в отличие от равнодушия, которое не дает этого шанса.

6. Реакция на еврейский народ: одновременно восхищение и отторжение

Выше мы говорили, что основание для появления народа Израиля – необходимость исправления мира. Реакцией на образование еврейского народа становятся волны как принятия, так и противодействия. Т.е. всякий раз, когда народу Израиля предстоит выполнить важную роль в истории, он сталкивается с двойственной реакцией со стороны человечества: реакцией одновременно благоволения и отторжения.

В Торе такое противоречие представляет Билам, желающий проклясть еврейский народ, а вместо этого благословляющий его: «Да умрет душа моя смертью праведников, и пусть будет кончина моя, как его!» (Числа 23:10) Сказали мудрецы: «Поскольку он знал, что лишен грядущего мира, поэтому говорит так и просит, чтобы его кончина была бы как у того народа, который он ненавидит».

В современности такую двойственную позицию представляет, например, Ницше, который пишет о евреях одновременно с восхищением и с ненавистью. Во многих местах он говорит о евреях с презрением, в других же – как о чудесном божественном создании. На всем протяжении истории евреи всегда являли собой такую аномалию.

7. Израиль как «отделенный от народов мира» и как «связанный с народами»

У пророка Иеремии статус еврейского народа сформулирован так: «Израиль – святыня Господа, начаток плодов Его» (2:3).

Комментаторы объясняют, что «Святыня « и «начаток плодов Его» – это две стороны особости Израиля.

Святость, *кодеш*, определяет сущность объекта. Святость отделяет его от всего другого и распространяется на весь объект целиком. Например, можно посвятить Храму все поле, и тогда это поле становится посвященным, святым, запрещенным к обычному использованию. Святое отделено от окружающего, сущностно не связано с ним.

Но «начаток плодов», *решит, бикурим*, существует только при наличии всего остального и лишь как часть его. Первые плоды выделяют лишь потому, что есть весь прочий урожай. Так, например, если человек скажет: «Все это поле провозглашаю как начаток плодов для приношения священникам», – то это не реализуется. Тора не определяет в точности объем урожая, который должен стать «начатком плодов», но все поле отдать нельзя, поскольку когда есть начаток, должен быть и остаток. Таким образом, святость «начатка плодов» – это относительная святость.

Так чем же является народ Израиля по отношению к остальному человечеству: «святыней Господу» или же «начатком плодов Его»? Ответ в том, что Израиль является и тем, и другим одновременно. С одной стороны, он отделен от всего человечества, а с другой стороны неразрывно соединен с ним. Именно эта отделенность Израиля связывает его не с каким-то одним народом, но со всем человечеством.

8. Чтобы человечество развивалось необходимо напряжение, разница потенциалов

Рав А.И. Кук подчеркивает, что эти два аспекта – как святость отделенности Израиля от других народов, так и святость его связи со всем человечеством – не только не противоречат друг другу, но и являются необходимым дополнением одно для другого.

Стратегия исправления человечества, представленная нам в Торе, заключается в формировании отдельной группы людей, народа, который первым проходит путь к Богу и этим становится «первинками человечества», *решит*. Израиль является святыней Господу тем, что он начаток плодов Его . Мы можем продвинуть человечество именно потому, что отделены от всех других народов.

Отделенность Израиля создает напряженное отношение к нему, положительное или отрицательное, и из этой разности потенциалов и возникает возможность движения, т.е. жизнь. Такого рода напряженность побуждает народы к продвижению, обеспечит всему человечеству необходимый подъем на тот уровень, где сейчас находится еврейский народ. Израиль же за это время должен подняться на следующий – уровень священников, коhенов.

Пророки говорят, что в будущем народы мира достигнут сегодняшней ступени народа Израиля, как в стихе из Захарии: «И придут многие народы к Богу в тот день и будут мне народом», подобно тому, как сегодня евреи это «народ Бога». А про евреев при этом сказано: «А вы священниками Господа наречетесь» (Исайя 61:6) – т.е. достигнут следующего уровня. Что же будет с нашими священниками? Они поднимутся на ступень первосвященника, как об этом говорится в книге пророка Иехезкеля. Этот процесс возвышения всего мира будет продолжаться и далее, но «разница уровней святости» при этом будет сохраняться.

Мир не должен быть однородным, разность потенциалов необходима. Она формирует вызов, но также и недовольство: кому-то всегда неприятно, что другой в чем-то оказывается выше него. Это цена развития, и также его мотор. Разница уровней не дает миру успокоиться и остановиться в развитии. Всегда должно сохраняться напряжение, чтобы не прекращался подъем.

Так же как мир чрезвычайно заинтересован в евреях, положительно или отрицательно, – так и сами евреи не могут спокойно относиться к миру, постоянно его будоражат. Это характеризует не только еврейский народ в целом, но и отдельных евреев. Возможно, таким образом поддерживается постоянная острая реакция на нас. Как говорится, «евреев очень мало, но каждого еврея очень много».

Задача еврейского народа – не давать миру спокойно существовать. Поэтому ненависть к евреям, антисемитизм имеет для человечества также и позитивное значение. В частности, она не дает человечеству о нас забыть, а без этого у нас не было бы возможности передать миру необходимое послание.

9. Феномен «еврейской самоненависти» как реакция на тяжесть избранности

В еврейском народе существует проблема в отношении к самому себе. Не только антисемитизм является закономерной составляющей еврейской жизни, но и «еврейская самоненависть» является ее регулярным аспектом. Это объясняется тем, что сам статус избранности народа настолько тяжел, что всегда есть люди, стремящиеся от этого статуса избавиться.

Эти люди все время стремятся раствориться среди народов и быть просто «хорошей частью человечества». Более того, они настолько не выносят еврейскую избранность, что зачастую хотят заставить и всех остальных евреев тоже перестать быть избранными.

Такое противодействие своему предназначению проявилось в истории еще в самом начале еврейской жизни. При формировании еврейского народа описаны две линии среди детей Тераха: с одной стороны Авраам, Ицхак и Яаков, сохраняющие линию *иври*, а с другой – Нахор, Бетуэль и Лаван. Нахор, брат Авраама, стремится уничтожить отделенность *иври*, и в результате его сына Бетуэля уже называют «Бетуэль арамеец» (Быт 25:20), а Лавана, сына Бетуэля писание называет просто «арамеец» (Втор. 26:5).

Арамейскость – это решение части семьи Авраама жить как арамейцы среди арамейцев. Они основывают свою жизнь не на национальном, а на общинном принципе, создавая «общины святости» в рамках другой культуры, в данном случае культуры Арама. Таким образом, эта ветвь потомков Тераха воплощает космополитическую линию еврейской идентичности.

Сущность такого подхода заключается в отказе принимать идею избранности народа, заменив ее идеей «общин святости». Тот факт, что человечество получило монотеизм, составляющий идеи Эвера и духовную сущности *иврим*, именно через линию Авраама, а линия Нахора растворилась без остатка – показывает правильность установки на отделенность от народов. Но арамейскость продолжает быть соблазном для *иври*, и именно в этой линии коренится еврейская самоненависть.

Отметим, что среди других народов подобное желание уничтожить в себе свои специфические черты встречается гораздо реже. Распространенность же в еврействе такого феномена само по себе приводит еврейский народ к опасному положению на грани выживания. Другие народы живут гораздо меньше, чем еврейский народ, но пока они живут, их существование не находится под сомнением для них самих, с возникновением же такого сомнения эти народы быстро исчезают. Но еврейский народ – это вечный народ, существование которого всегда под сомнением.

10. Попытки уничтожения еврейства и попытки его подмены

Как только народ Израиля появляется на исторической арене и провозглашает свою избранность, окружающие народы чувствуют беспокойство: Божественное Слово вторгается в их жизнь и начинает менять ее, поэтому возникает противодействие еврейскому статусу.

На протяжении истории выделялись два метода такого противодействия: один – это сущностное противодействие, которое пытается уничтожить еврейский народ или предотвратить его проявление, и другой – это попытка заменить народ, подменить его на другую группу, которой будет передана «избранность».

Лаван и его потомки действуют согласно первому методу. Пасхальная Агада подчеркивает: «Фараон хотел уничтожить только младенцев мужского пола, Лаван же хочет уничтожить всех» – поскольку Лаван стремился не дать Яакову уйти в Страну Израиля и построить отдельный народ.

То же самое происходит после войны с Сихоном: приходит Билам, чтобы не допустить проявления еврейского народа на исторической сцене. Мидраш сообщает нам, что пророк Билам, пожелавший уничтожить Израиль, был потомком Лавана. Мы видим уже знакомый принцип: в момент, когда народ Израиля собирается совершить нечто значительное, приходит кто-то, кто пытается не допустить этого. Аналогичной была попытка уничтожить евреев в Катастрофе 20-го века.

Второй вариант противодействия евреям пытается осуществить Фараон. Он распоряжается убить всех мальчиков и оставить жить только девочек: «Каждого младенца мужского пола утопить в реке, а каждую девочку оставить в живых». Эти девочки далее будут выходить замуж за египтян, так что их дети будут потомками евреев, но при этом египтянами по своей идентичности, и тогда Египет (вместо евреев) станет избранным народом. Это была попытка уничтожить национально-ведущую часть социума, и использовать потенциал его более слабой части чтобы оплодотворить Египет и превратить его в народ, который будет исполнять роль Израиля.

Согласно еврейской традиции, в начале нашей истории мы находим семь различных попыток противодействия Израилю.

Против Авраама выступил Нимрод, который пытается убить его, и Лот, который пытается занять его место. Против Ицхака выступили Авимелех, который пытается уничтожить его, и Ишмаэль, который пытается занять его место. Против Яакова выступили Лаван, который пытается убить его как отдельный народ, и Эсав, который пытается занять его место.

Седьмая попытка противодействия – это Амалек, который возникает как раз в ту минуту, когда народ Израиля появляется на политической сцене мира. Амалек отличается тем, что хочет добиться обеих целей: и уничтожить народ Израиля, и занять его место.

В более поздний период уничтожение еврейского статуса избранности было одной из основ христианства, которое стремилось к ассимиляции еврейства и прекращению его отдельного существования. (Далее этой же линии по отношению к евреям придерживалось социалистически-коммунистическое движение). Это метод Лавана: растворить еврейство, уничтожить его особость.

Аллегорически это выражается в том, что Лаван хотел забрать у него овец «пестрых, с крапинами и пятнами» (см. Бытие 31:10). Лаван хочет забрать себе все, что есть у Яакова цветастого, особого. Неслучайно имя «Лаван» на иврите означает «белое»: он хочет стереть любые пятна, сделать «белым» весь мир[2].

Овцы Яакова были «пестрыми, пятнистыми и крапчатыми», т.е. черными на белом. Лаван же хотел, чтобы все было только белым. Это категория всеобщего растворения. Яаков хочет создать специфический «текст», который и есть «черное на белом», Лаван же пытается не дать этому произойти, не дать отдельному и отделенному тексту возникнуть, растворить его в тотальной всеобщности.

Такое «противостояние между Лаваном и Яаковом» проявляется как постоянное столкновение и напряженность также и внутри еврейского народа. Часть евреев постоянно находятся в отдалении от всех остальных народов, чтобы сформировать для них некое послание «от нашего народа к вашему народу».

А другая часть пытается растворить народ, не дать проявиться этому специфическому еврейскому посланию, принудить евреев быть такими же, как все, соблазняя их «быть (якобы) солью земли, среди всех и лучше всех».

В этом сущность взаимоотношений Лавана и Яакова, которые оба являются потомками Тераха, т.е. относятся к *иври*. Но Лаван, потомок Нахора и Бетуэля, превращается в арамейца, теряя еврейскую идентичность. Они уже не евреи, они как бы «арамейцы Терахового вероисповедания». Именно их линию воплощали впоследствии «немцы Моисеева вероисповедания».

На протяжении истории еврейского народа все время есть кто-то рядом (часто это кровный родственник, рожденный среди евреев), кто хочет уничтожить евреев или заменить их собой.

Стремление подменить собой еврейский народ обосновано тем, что внутренняя сила избранности настолько велика, что у «конкурентов» возникает желание завладеть ею. Повышенная энергия, присущая евреям, признается всеми – и сторонниками евреев (филосемитами), и противниками (антисемитами). Она тоже свидетельствует о существовании особой задачи, поставленной перед человечеством свыше и осуществляемой через евреев.

Попытка присвоить избранность выражается по-разному в разные времена и в разных культурах. Так, например, у христианства она проявляется в определении себя как «Новый Израиль». Марксизм попытался занять место еврейства, подменив понятие «избранного народа» на понятие «избранного класса» пролетариев[3]. В греческой культуре эта тенденция выражалась в попытках сделать Тору частью собственного фольклора (для этого Тора была переведена на греческий язык), а евреев – частью греческой цивилизации. Подобным образом коммунизм пытается взять отдельных представителей еврейского народа и перенаправить их в свою систему.

Двум видам опасности, постоянно сопутствующим истории еврейского народа, соответствуют два праздника: Ханука – победа над теми, кто хочет евреев подменить, и Пурим – победа над теми, кто хочет евреев физически уничтожить.

11. В обычной жизни ведущим является *бехира*, в мессианское время – *сегула*

Рассмотрим одно из писем р. Кука, объясняющее соотношение между *сегула* и *бехира* в различные эпохи.

(Отметим, что при издании сборника писем р. Кука это письмо получило порядковый номер 555, что обозначается буквенно как תקנ"ה , и если номер прочесть как слово, то получается *такана*, «исправление»).

Это письмо адресовано Ридбазу (р.Яков Давид бен Зеев Воловский), который был ярым противником всего, что делал рав Кук – и прежде всего он был против общения с нерелигиозными евреями.

Ридбаз говорил: «Как ты можешь приближать к себе этих нарушителей Закона[4] – ведь в молитвах, которые мы произносим, мы просим у Бога, чтобы они были истреблены в скором времени!» Этот момент, кстати, показывает, насколько даже харедимный иудаизм изменился за последние сто лет. Сегодня невозможно себе представить, чтобы какой-нибудь раввин отказался бы контактировать с нерелигиозными, в то время как в начале 20-го века это было достаточно распространенным явлением. Нам иногда кажется, что модернизируются только «вязаные кипы», а «ультраортодоксы» остаются какими были – но это не так. Они тоже меняются, просто «вязаные» идут дальше, а харедим зачастую вступают на то место, где «вязаные» были ранее. Таким образом между нами сохраняется напряженность, заставляющая обе стороны развиваться.

Рав Кук в этом письме объясняет:

Есть две вещи, которые формируют народ Израиля и связь Бога с ним.

Первое – это *сегула*, **природная избранность, и это святость, которая идет от наследия праотцев, как сказано в Торе: «Только отцов ваших выбрал Господь, и избрал себе их потомков – быть ему избранным народом из всех народов» (Втор 10:15).** *Сегула* **– это внутренняя святость, пребывающая в природе души Израиля. И она неизменна, подобно базовой природе всякой вещи в мире.**

Т.е. *сегула* – это святость по наследству, с которой рождаются, даже если человек сам ничего не сделал для нее. Это просто природное свойство еврейского народа.

И второе – это *бехира*, **аспект выбора, реализующийся в изучении Торы и добрых делах.**

Т.е. это святость обретаемая через мудрость и праведность.

Сегула **– это несравненно более великая и святая часть еврейской святости, чем** *бехира*. **Однако в обычные эпохи** *сегула* **может раскрываться и проявляться только в той мере, в которой действует** *бехира*, **собственно поведение человека.**

Поэтому в обычные времена раскрытие «потенциала святости», хотя он всегда огромен в каждом еврее, зависит от действий самого человека, от праведности его поведения.

Тот, кто ведет себя праведно, выигрывает вдвойне: у него есть святость *бехира*, которой он удостаивается своими поступками, и при этом у него проявляется также и святость изначальной избранности, *сегула*. Поступающий же противоположным образом лишается *бехира*, а поэтому и святость *сегула*, которая есть в нем, также не раскрывается.

Отметим, что праведность здесь совсем не тождественна религиозности: на проявление *сегула* влияют все действия человека – как его вера и изучение Торы, так и добрые дела. Поэтому *сегула* раскрывается также и у нерелигиозных людей при совершении ими добрых дел.

> **При этом Святой, благословен Он, управляющий по Своей милости каждым поколением, – упорядочил души, рождающиеся в мире, таким образом, что иногда преобладает *бехира*, сила святости выбора, а сила *сегула* остается в скрытом состоянии, а иногда сила *сегула* преобладает, а сила *бехира* остается в скрытом состоянии.**

Т.е. есть разные эпохи в истории еврейского народа. В некоторые периоды большее значение имеет *бехира*, праведность и изучение Торы, а в другие эпохи большее влияние оказывает *сегула*, природная еврейская избранность.

> ***Сегула*, внутренняя избранность, основана на Завете с праотцами, а он не расторгается никогда.**
>
> **В эпоху же начала мессианского процесса *сегула* является ведущей силой, и в этом смысл слов молитвы Амида: «Он помнит благочестие праотцев, и приводит Избавителя к сыновьям их сыновей ради Имени Своего».**

Избавление связано с «памятью о благочестии праотцев», с Заветом праотцев, и потому в этот момент более явственно проявляется *сегула*, а не *бехира*.

Таким образом, рав Кук отвечает Ридбазу, что поскольку в наше время происходит мессианский процесс, то скрытая сила избранности, *сегула*, имеет большее влияние на мир, чем *бехира*, связанная с исполнением Торы и ее заповедей.

12. Еврейский народ является отражением всего человечества

Какой характер имеет *сегула* и в чем ее смысл? Рабби Иехуда Галеви отвечает на этот вопрос во 2 главе своей книги «Кузари».

В этой главе разбирается смысл 52-й главы книги Исайи, в которой есть знаменитый образ «страдающего раба Божьего», который страдает за грехи всех остальных: «Наши болезни он претерпевал, и за нашу нечестивость он наказан...».

Христианство утверждает, что в книге Исайи предсказано появление Иисуса, «страдавшего на кресте», и предъявляет ее текст в качестве доказательства того, что Иисус якобы является Мессией.

Иеhуда Галеви дает совершенно другой ответ: «страдающий раб Божий» – это еврейский народ в целом, и само это понятие очень важно для понимания назначения еврейского народа.

> **Сказал Кузари: как могут быть отнесены эти слова** (52 главы книги Исайи) **к народу Израиля, если написано: «Ведь наши болезни он претерпевал»** (т.е. «страдающий раб Божий» страдает из-за грехов других). **Однако народ Израиля страдает только за собственные грехи.**

Напомним, что книга «Кузари» построена как разговор хазарского царя (собственно Кузари, хазарин) с раввином. Кузари задает здесь этот вопрос, потому что ранее в объяснениях раввина говорилось, что человек страдает только за собственные грехи, и не страдает за грехи других людей, и в этом проявление божественной справедливости. И вдруг после этих разъяснений оказывается, что еврейский народ страдает за грехи всего человечества!

И раввин отвечает ему:

> **По отношению к другим народам народ Израиля – как сердце по отношению к остальным частям тела. Он более всех раним и более всех жизнеспособен.**

Таким образом принцип, утверждающий, что все страдают только за собственные грехи, верен лишь в рамках «отдельной справедливости для каждого», и для каждого отдельного человека существует свой баланс. В состоянии разобщенности нет смысла в страданиях одного человека за грехи другого, и счет Бога к человеку предъявляется только за его собственные грехи и заслуги.

Однако когда человек или народ поднимается на такой уровень, где он ощущает свою соединенность с другими, то он может страдать и за грехи других. Еврейский народ, осознавая и понимая, что создан с целью объединения человечества, временами вынужден страдать за грехи человечества.

Понятно, что тело не может жить без сердца, но и сердце без тела лишено смысла. Таким образом, в рамках рассмотрения мира как единого организма, состоящего из всех людей и народов, в центре человечества находится народ-сердце, и это сердце страдает, потому что тело, т.е. человечество, болеет.

Сердце человека реагирует на малейшие прикосновения, но с другой стороны, может вытерпеть все болезни тела. Так и еврейский народ: мы более всех ранимы, но при этом и жизнеспособны тоже более всех народов.

У народа Израиля есть два уровня: с одной стороны, мы отдельный народ, но мы также и что-то вроде центра человеческого духа. Поэтому не удивительно, что в иудаизме находят корень всех идеологий человечества: идеи коммунистические и капиталистические, христианские и исламские. Иудаизм на взгляд со стороны оказывается одновременно и расизмом, и космополитизмом, и гуманизмом. Еврейский народ является отражением всего человечества – и именно в этом корень еврейской избранности.

Иеhуда Галеви отмечает, что хотя обычно каждый несет ответственность сообразно своей собственной вине, страдания еврейского народа совершенно не сравнимы с его виной, и эти страдания происходят оттого, что наш народ в целом является корнем единства человечества, и баланс всего человечества отражается на нем.

Возможно, на каком-то этапе христианство сможет воспринять концепцию «духовной значимости существования народов» на основе именно такой интерпретации 52-й главы Исайи, поскольку эта глава имеет огромный резонанс в христианстве, и образ «страдающего мессии, страдающего раба Божьего» очень важен для него.

13. Избранность на общенациональном уровне

Сегула, избранность еврейского народа, реализуется прежде всего на уровне народа как целого, а не на уровне отдельных евреев как индивидуумов. Этот подход «общенациональной духовности» критически важен для осуществления миссии еврейского народа в мире.

Оглядываясь на историческую ретроспективу, мы ясно видим, насколько история еврейского народа – именно как народа, а не отдельных евреев! – отличается от истории других народов.

- Монотеизм возник в человеческой истории только однажды, и именно в еврейском народе, а затем распространился на все человечество, и все монотеистические религии сегодня являются производными от иудаизма.

- ТаНаХ, еврейское Священное Писание, является святой книгой для большей части человечества. При этом он в огромной мере посвящен истории еврейского народа (а не только религиозным и моральным наставлениям) и дает нам картину совместной деятельности Бога и еврейского народа как целого.

- На протяжении истории человечества многие народы уходили в изгнание, но только еврейский народ за много столетий не потерял связи со своей Страной. Траур поста 9 Ава уникален, он отражает острое стремление вернуться в свою Страну, восстановить ее, построить заново жизнь на своей земле. Этот траур связан с тем, что наша национальная жизнь невозможна вне своей земли.

- Еврейский народ смог не только сохранить связь со Страной в течении двух тысяч лет отсутствия, но и смог вернуться и создать Государство Израиля, уникальное уже самими обстоятельствами своего рождения.

Все эти пункты указывают на исключительность еврейского народа. Эту картину дополняет вовлеченность всего мира в становление еврейского государства и жизни в нем. Такое пристальное внимание мира является индикатором значимости внутренних еврейских процессов для всего человечества.

14. Святость на индивидуальном и на общенациональном уровне

Другие религиозные системы приписывают святость только индивидуальному – не национальному и тем более не государственному. Но еврейский народ призван продемонстрировать, что святость может быть достигнута не только на уровне индивидуумов (или общины как группы индивидуумов), но и на уровне всего народа и социума. А это означает поднятие «светских» аспектов – науки, экономики, социальной жизни и т.д. – до уровня святости. Божественное реализуется не только в диалоге Бога с личностью, но и в диалоге Бога с народом в целом, и также в диалоге со всем человечеством в целом.

В прошлом еврейский народ уже передал миру понятие «диалога Бога с человеком как основы для индивидуальной святости». Но идею «диалога Бога с народом как основы для общенациональной святости» мы человечеству еще не донесли. Подготовка к передаче этой идеи является духовным содержанием происходящего сегодня в Израиле. Понимание такого диалога изменит духовную историю человечества и проявится на всех уровнях.

Осознание же понятия «диалога Бога со всем человечеством как основы для святости мира» будет присуще уже продвинутому мессианскому периоду, когда народы перестанут воевать и начнут двигаться вместе.

15. Предназначение Израиля – «осуществить полноту бытия человеком»

Очень важно подчеркнуть, что отдельный человек, и даже отдельный народ, не может достичь святости в полном объеме. Человеческая идентичность, Адам, расколота на части. В каждом человеке есть «элемент Адама», а в каждом народе – «орган Адама». Полной святостью может обладать только Адам целиком, а не отдельная его часть. Это произойдет лишь когда наступит интеграция всего человечества.

Евреи – ядро этой интеграции, его «центр кристаллизации». Именно в этом смысл фразы из Талмуда (искаженное толкование которой было основой нападок на евреев со стороны антисемитов): «Вы называетесь человек, а не народы мира называются человек». Предназначением еврейского народа является «осуществить полноту бытия человеком», проложить путь для объединения человечества.

Другие народы реализуют свои особые таланты для развития отдельных аспектов жизни человечества. Они привносят в общество свою индивидуальность и специфичность, продвигая его именно в этой области. Но задачи объединения человечества у других народов нет – это задача евреев. Как однажды написал один писатель: «Евреи совершенно такие же, как все, – но они немного больше как все, чем все остальные».

16. Ввиду избранности Израиля даже и его «естественная» жизнь определяется его миссией

Для понимания характера еврейского государства, в связи с еврейской избранностью, рассмотрим разницу между р. А.И. Куком и р. М. Элиасбергом в подходе к сионизму.

Рав М. Элиасберг (1817-1889) был выдающимся знатоком Торы и раввином города Бауск в Латвии и одним из основателей сионистского движения «Ховевей Цион» (времен «Первой Алии»). Рав Кук, тогда еще молодой раввин, близко общался с р. Элиасбергом (и община Бауска после смерти р. Элиасберга пригласила именно р. Кука занять пост раввина города).

При этом подход р. Кука к сущности еврейского национализма был существенно иным, чем у р. Элиасберга.

Представления р. Элиасберга о сионизме были естественными: «Поскольку евреи ничем не хуже других народов, они имеют право на государство не меньше, чем другие народы. Если, например, болгарам полагается государство, так же и нам полагается, просто в силу естественной справедливости, поскольку мы же не хуже болгар. Кроме всего прочего, мы также и святой народ. Но даже если бы мы и не были святым народом, нам все равно полагалось бы государство – как и болгарам».

Это классический взгляд сионизма второй половины XIX века. Другие раввины, поддержавшие в то время движение «Ховевей Цион» и создавшие движение «Мизрахи», рассуждали подобным образом. Таковы были настроения европейской «весны народов», когда разные народы стали добиваться национального самоопределения, выделялись из империй и строили национальные государства. В это время все народы занимались вопросом национальной независимости и ее достижения, поэтому вопрос о праве евреев на государство виделся как вопрос «естественный», аналогичный подобному вопросу у других.

Важно отметить, что именно по этому пункту более «харедимные» раввины того времени не были готовы согласиться с сионистами. Они были против «еврейской естественности», и поэтому выступили против «Мизрахи». Именно тогда еврейский религиозный мир раскололся на «сионистов» и «антисионистов».

Рав Кук занял в этом вопросе совершенно уникальную позицию. Он, так же как и «харедим» того времени, был против восприятия права евреев на государство как «естественного». Но при этом выводы рава Кука прямо противоположны выводам харедим. Он поддержал сионизм, видя в нем, в отличие от других сионистских раввинов движения «Мизрахи», отнюдь не «естественность» еврейского народа, а его «над-естественность».

По р. Куку, вся «естественная» сторона еврейской жизни не самостоятельно, но является производной от «над-естественной». Еврейское государство базируется на совсем других основах, чем государства других народов, оно иное по своей сути. Утверждение, будто «евреи имеют право на государство не меньше, чем болгары» – мелкое и поверхностное, не отражающее сути вопроса. Еврейскому народу нужно государство вовсе не потому, что мы не хуже других народов, – но оно необходимо нам для реализации своей миссии. Миссии, которая диктуется высшим предназначением еврейского народа, а совсем не его естественной земной судьбой.

Рав Кук при этом разъясняет динамику взаимодополнения естественного и над-естественного в еврейской национальной жизни. Поскольку народу, находящемуся в изгнании, трудно сразу перейти к уровню «государства для реализации миссии», то ему на помощь приходит естественная потребность, временно оттесняющая над-естественную. Поэтому на начальном этапе нерелигиозный сионизм действует успешно, но дальше в нем неминуемо наступает кризис. Тогда сионизм, продолжая заниматься светскими сферами жизни, все больше основывается на религиозной базе, и из «нерелигиозной концепции» превращается в «светско-религиозную». Естественное, осознавая себя производным от над-естественного, при этом отнюдь не умирает, но наоборот, получает еще большую энергию, открыто (а не скрыто, как на предыдущем этапе) черпая свою силу и энергию из сакрального.

На этапе, когда создание еврейского государства становится возможным, проявляется *сегула*, и это способствует активному продвижению сионизма, хотя с точки зрения классического иудаизма построение нерелигиозного еврейского государства не предусматривается.

Рав Кук в споре с р. М. Элиасбергом ответил, что он не согласен с «естественным» пониманием сионизма, потому что наше стремление иметь государство происходит, в глубине своей, от святости, а не от природы. Такая позиция произвела на р. Элиасберга огромное впечатление, и он сказал: «Этого рава Кука ждут великие свершения в Стране Израиля».

17. Еврейский народ рождается «неестественно», поэтому сам фундамент его существования иной, чем у народов мира

Еврейский народ принципиально отличается от других народов даже в «естественных» аспектах своей жизни, он рожден «неестественным образом» – потому что построить уровень святости можно было только на принципиально новой основе.

Святость отнюдь не заключается в исправлении будничных грехов, – их исправление лежит в русле обыденной нормальной жизни. Святость – это следующий, более высокий уровень, о построении которого невозможно и думать, не исправив предыдущий, базовый.

Праотцы еврейского народа, Авраам, Ицхак и Яаков, должны были исправить свою природу, чтобы на этой основе продвигаться дальше. Тем самым они заложили фундамент, на котором можно строить святой народ. И народ был создан на этой основе, однако создан путем совершенно неестественным – рождением в Египте. Это единственный известный нам пример в истории, когда один народ выводится из среды другого и при этом сразу достигает высокого уровня.

Будучи рабами в Египте, евреи были частью египетской системы. Выход из Египта и получение Торы сделали евреев не только принципиально новым народом, но и ведущей силой в истории человечества. С точки зрения исторической перспективы все это случается фактически в одно мгновение, и ни с одним другим народом таких крутых поворотов судьбы никогда не происходило.

Естественным было бы постепенное рождение народа от Авраама, Ицхака, Яакова и их потомков. Даже такой путь имел потенциал исправления мира: наследуя идеалы Праотцев, евреи демонстрировали бы исправление природы вещей, соблюдение базовых моральных принципов. Но построенный на совершенно новой основе, еврейский народ может продвинуть человечество гораздо дальше.

Выведение еврейского народа из самого сердца Египта было особым действием, которое сформировало еврейский народ как уникальную новую сущность. И вся последующая история еврейского народа развивается по совершенно особым принципам.

С точки зрения индивидуальности еврей подобен любому другому человеку, но с точки зрения общенациональной «естественность еврейского народа» не такова, как у других, и поэтому наша история иная.

Позднее, следующим этажом, на это основание накладывается святость, – но предшествует ей исправление природы.

Таким образом, наша избранность коренится в самых основах нашего существования, в его самых первоначальных слоях, – и потому она действует даже независимо от желания того или иного конкретного еврея реализовать ее в своей жизни.

ПРИМЕЧАНИЯ

[1] В этом смысле знаменательна ситуация в России, в которой отношение к евреям всегда проблемное и остро эмоциональное, в то время как отношение к немцам (кроме периода Второй мировой войны и сразу после нее) в целом нейтральное. Хотя именно немцы не только вели с Россией множество кровопролитных войн на протяжении ее истории, но и обладали в России огромной властью. Начиная с Петра Первого и до 1917 года немцы играли главную роль в управлении Россией; в 19 в не только сам император был более чем на 3/4 немцем, но и аппарат управления, и академические структуры состояли в большинстве своем из немцев. Когда император однажды спросил будущего генерала Ермолова: «Что дать тебе?», тот ответил – «Произведите меня в немцы, Государь!». Этот факт правления немцев в России был отмечен и в Германии тоже – нацисты считали, что славяне не способны сами управлять государством, приводя в пример огромную Российскую империю, управляемую немцами. При этом в России никогда не наблюдалось заметного национального движения «против немецкого засилья». И хотя немцы сыграли гораздо большую роль в истории России, нежели евреи, однако именно отношение к евреям постоянно обсуждается и вызывает огромный всплеск эмоций. В частности, книга А. Солженицина «200 лет вместе» показывает, что великий русский писатель не нашел к концу жизни более важной темы, чем отношения с евреями.

[2] Каббалисты сказали о Лаване, что он символизирует «неправильный Свет Бесконечности». Присутствие такого света (*ор эйн соф*) не дает существовать ничему другому, так как покрывает собой все. Когда Бог творит мир, Он сокращает этот бесконечный свет, происходит процесс *цимцум* (редукция Божественного света), что дает возможность миру проявиться. Согласно такому подходу, появление букв письма – это возникновение отдельного творения на фоне бесконечного света: на белом фоне, уничтожающем всякие различия, проявляются буквы. Поэтому в кабале слова «пестрые, с крапинами и пятнами» («*акудим, некудим и брудим*») означают миры, в которых творение приобретает самостоятельность.

3 С. Булгаков еще в 1906 г., в статье «Карл Маркс как религиозный тип» показывал, что марксизм выстраивался как «Новый Израиль», где место «избранного народа» занимает «избранный класс», реализация же мессианского освобождения предполагается в форме коммунизма, – что нашло выражение в известном высказывании «марксизм похож на иудаизм, как обезьяна на человека». Также и сам К.Маркс не мог относиться к евреям спокойно, он пытается доказать, что евреи это ужасные, плохие и никому не нужные люди, – и все это в значительной мере из желания отдать их место своим последователям.

4 Т.е. *халуцим*, нерелигиозных сионистов-первопроходцев, которые отстраивали Страну Израиля.

Глава 10. ШАВУОТ – РЕЛИГИОЗНОЕ И НАЦИОНАЛЬНОЕ СОДЕРЖАНИЕ

1. Связь Дарования Торы с «Праздником приношения первых плодов»

В Шавуот мы празднуем Дарование Торы. Однако в Торе этот день называется совершенно иначе.

При перечислении Праздников Тора устанавливает отмечать 50-й день после Песаха, но в рассказе о Синайском Откровении не приводится никакого подсчета, подтверждающего, что оно выпало на 50-й день после выхода из Египта. В стихе 19:1 книги Исход сказано, что сыны Израиля пришли в пустыню Синай «к началу третьего месяца после выхода из Египта», но точное число дней не приведено.

В Книге Чисел (28:26), говоря о празднике Шавуот, Тора пользуется выражением: «в ваши недели», – очевидно, речь идет о семинедельном отсчете от Песаха. Но день этот описан там только как начало жатвы пшеницы и приношение первых плодов нового урожая, и называется «праздником приношения первинок», *бикурим*.

Мы знаем, что первые плоды можно было приносить не только в Шавуот, но и после – сезон *бикурим* продолжается до Суккота (в некоторых случаях даже дольше: маслины приносили до Хануки). Но именно Шавуот называется в Торе «праздник приношения первинок», что указывает на глубокую связь между принесением первых плодов и дарованием Торы.

Исполняя заповедь *бикурим*, человек реализует желание отдать Храму первые плоды, начатки своего урожая. Эти плоды очень важны для него лично как первый результат его успеха. Целый год он трудится, тяжело работает в поле, и первые плоды трудов наполняют его особенной радостью, они дороже всех. Естественным желанием было бы взять их себе, а отдавать более поздние. Идея же «праздника приношения первых плодов» в том, что именно первое, самое дорогое, и нужно отдать Всевышнему.

Праздник первых плодов воспитывает человека, заставляя его признать: он в мире не один, есть кто-то «Другой». Человек учится воспринимать урожай не как свое собственное достижение, а как дар Свыше, в создании которого он только соучаствует. И он учится не ставить себя на первое место.

Именно осознание присутствия в мире «Другого» является основой для дарования Торы. Но также и для Всевышнего смысл сотворения мира в том, чтобы появился кто-то «другой», так что сотворение человека со свободой воли это и есть создание «другого».

Сотворение мира – это создание «другого», а дарование Торы – это связь с «другим». И эта связь провозглашается при приношении первинок в Храм.

Только тот, кто может отделить и отдать первые плоды, достоин получить Тору. Поэтому само название «праздник принесения первых плодов» указывает на то, что это и есть день дарования Торы.

2. Вера в Единого Бога и в Откровение не является «естественной потребностью человека»

Атеисты утверждают, что вера в существование Бога и Откровение сформировалась в душе человека, поскольку такова была его естественная потребность. Они полагают, что «человек нуждается в Боге, и поэтому он изобрел Бога», или «человек нуждается в Откровении, и поэтому он изобрел Откровение».

Но действительно ли вера в монотеистического Бога и Откровение, которое есть одно из оснований Торы Моисея, естественны для человека?

Идея монотеизма и идея Откровения появилась в истории человечества ровно один раз[1] – у еврейского народа; всюду, где она сегодня существует, она лишь производная от иудаизма. Уже одно это заставляет нас признать, что подобная идея отнюдь не является естественной – ведь «естественная потребность» появлялась бы многократно, в разных культурах. Но монотеистическая религия в мировых культурах не возникала – многократно появлялись лишь различные виды идолопоклонства, которые все имеет некоторые важные параллели с атеизмом.

3. Человек от природы склонен быть идолопоклонником-атеистом

Ниже мы хотим показать, что вера в монотеистического Бога и в Откровение этого Бога – понятия, совершенно противоречащие естественному ходу вещей. Наоборот, человек от природы склонен быть идолопоклонником-атеистом, и понятие монотеистического Бога (как Личностного Творца мира) и Откровения – неимоверно далеки от естественного ощущения человека.

Идолопоклонник всегда обращался к «специфической силе, ответственной за нужную ему область», но отнюдь не к «верховным богам». Например, у древних греков тот, кто нуждался в любви – обращался к Афродите, богине любви; кто хотел просить о победе на войне – обращался к богу войны Аресу. Почему бы не обратиться напрямую к их отцу, Зевсу? К Зевсу в греческой мифологии обращаются в исключительных случаях, когда возникает потребность в чем-то очень значительном. Обращения к Хроносу, отцу Зевса, крайне редки, совсем никогда не обращаются к родителям Хроноса, Урану и Гее, и уж тем более невозможным было для греков обращение к их отцу Хаосу. Но в греческой космогонии Хаос является прародителем – не будь его, не было бы ничего возникшего после. Т.е. чем выше мы поднимаемся по божественному пантеону, тем меньше возможность личного обращения к какому-либо из его представителей, а потом она и вовсе исчезает.

Для человека естественно представить себе высший мир по той же схеме, по которой строится наш, низший мир. Если, например, мне нужна банковская ссуда, то я иду в банк и обращаюсь к служащему, который занимается ссудами. В крайнем случае – к начальнику отделения. Я никогда не пойду с этим вопросом к президенту банка – он занимается совсем другими делами и не станет решать мелкий вопрос о моей ссуде. И уж тем более не придет в голову обратиться напрямую к закону, определяющему правила функционирования банков, хотя именно этот закон есть одно из непременных условий существования всей банковской системы и без него мне не с кем было бы говорить. Но человек не может обратиться ни к закону о функционировании банков, ни к закону гравитации, поскольку они не личности, с которыми можно поговорить.

Любая нормальная структура в нашем мире устроена иерархически. Есть исполнители, отвечающие за конкретные функции. Над ними стоят начальники, к которым можно обратиться только в случае некорректной работы служащих, или когда их компетенции недостаточно для решения вопроса. Над начальниками стоят еще более важные начальники, к которым вообще не обращаются по конкретным мелким вопросам, а только по вопросам общего функционирования системы. И, наконец, над ними стоят законы, обеспечивающие существование и работу всей системы, но к этим законам в принципе никто никогда не обращается, поскольку они не личности, и к ним обратиться попросту невозможно.

На этом построено все идолопоклонство: у идолопоклонников есть «боги», но «боги» – это часть творения, они внутри космоса. Трансцендентное же для идолопоклонника лишено смысла, бесполезно.

Другими словами, идолопоклонство – это древняя форма атеизма. И идолопоклонник, и атеист не знают и не признают трансцендентного Личностного Божественного Творца, – во всяком случае, не признают, что у Него могут быть какие-либо прямые взаимоотношения и диалог с людьми. Что же касается природной интуиции человека – она приводит его к идолопоклонству, а отнюдь не к монотеизму, который противоречит опыту жизни и естественной человеческой интуиции.

Атеистические историки религии часто утверждают, что якобы «монотеизм появился как следствие централизованной монархии, которая и навела человечество на мысль о Едином Боге». На самом деле централизованная монархия не дает ни малейшей идеи монотеизма – в ее иерархии человек может обратиться только к мелкому чиновнику, но никак не напрямую к монарху. А монотеизм утверждает наоборот: что со всеми моими проблемами я обращаюсь напрямую только на самый Верх. И никогда ни к каким посредникам или мелким служащим. Это полностью противоположно принципам функционирования централизованной монархии.

Монотеизм утверждает, что то самое Высшее, Которое нельзя никак описать и ничего про Него сказать, т.к. Он трансцендентен и к нашему миру вообще не относится, находится за пределами мира, – этот «Он» создал человека по Своему образу и подобию и заботится о нем, разговаривает с человеком и вступает в контакт. Такое представление никак нельзя назвать «естественным».

Зачастую можно услышать и иное мнение: что «гармония мира» сама намекает, что ее кто-то создал. Но если это действительно так естественно, то почему это не подвигло никого, кроме евреев, на провозглашение монотеизма? Идея, что «вглядываясь в гармонию мира можно сделать вывод о руке Создателя»

– возникает лишь когда мы знаем о существовании Создателя, и только тогда эта логика кажется нам естественной.

Главной идеей в монотеизме является даже не то, что Трансцендентное существует – но то, что Бог говорит с нами, обращается к нам, ведет с нами диалог. Довольно много людей готовы признать существование «Высшей силы, сотворившей все», но очень трудно признать, что эта Высшая сила вдруг начинает говорить с нами и вмешиваться в происходящее. Разве может естественным образом прийти в голову мысль, что Творец мира обращается к человеку? А ведь именно это было сказано на горе Синай: «Я Господь, Бог твой...» (Исх. 20:2) Что это за «Я»? А это Тот «Я», Который за шесть дней сотворил небо и землю.

«Природная гармония» вовсе не учит человека монотеизму, то есть существованию трансцендентной личности, обращающейся к человеку и говорящей с ним. Она учит лишь тому, что законы мироздания гармонично сочетаются между собой. Это хорошо сформулировал в свое время Лаплас, французский математик 18-19 века, который, прочтя Наполеону лекцию по космологии, на вопрос о том, где же во всем этом Бог, ответил: «Я не нуждаюсь в этой гипотезе». Этого подхода, характерного для эпохи Просвещения, до сих пор придерживаются многие атеисты: «раньше людям нужен был Бог, потому что человек не мог объяснить природу. Когда наука объяснила природу, мы перестали нуждаться в концепции Бога». Как только я узнаю о природной системе, которая существует сама по себе, регулируется сама собой – трансцендентное измерение перестает быть мне нужным.

Таким образом, идолопоклонство, оно же атеизм, является естественной концепцией для человека, – а этический монотеизм, утверждающий, что Бог не только создал человека по Своему образу и подобию, но в дальнейшем открылся ему и дал заповеди и этические нормы, чужд природе человека. И поэтому он столь важен для его продвижения.

Еврейский народ, приняв монотеизм, изменил весь путь развития человечества. Это принятие произошло в два этапа: на уровне Праотцев и на уровне Синайского Откровения, которое мы празднуем в Шавуот.

4. Дарование Торы на Синае – не прямое продолжение Исхода, а изменение его цели

Часто можно услышать, что якобы «в мидрашах сказано, что народ считал дни омера, пока ждал дарования Торы». Но на самом деле ничего подобного в мидрашах нет. Нацив (рав Нафтали Цви Иеhуда Берлин) в своем комментарии рассказывает такую историю, но не приводит ее источника – т.е. это его собственная точка зрения, а не мидраш. Мы привыкли думать, что «счет омера» – это период от выхода из Египта до дарования Торы, но в самом рассказе о Синайском Откровении это представлено совершенно иначе.

Проанализировав рассказ Торы о Синайском Откровении мы увидим, что оно описано как событие неожиданное и даже весьма проблематичное для сынов Израиля. Евреи, вопреки сложившимся представлениям, не жаждали Откровения. Откровение было навязано им.

Дарование Торы на Синае (и праздник Шавуот) отнюдь не было естественным продолжением Исхода (и праздника Песах), но явилось резким изменением цели Исхода и его смысла.

Когда Бог отправляет Моисея в Египет, чтобы вывести оттуда еврейский народ (Исх. 3:16), то цель Исхода представлена как национальная, а не универсальная задача:

Пойди, собери старейшин Израиля и скажи им: Господь, Бог отцов ваших, явился мне, Бог Авраама, Ицхака и Яакова, говоря: вспомнил Я о вас и увидел то, что делается с вами в Египте. И Я выведу вас из-под ига Египетского в землю Ханаанеев, Хетийцев, Эмореев,

Перизеев, Хиввийцев и Иевусеев, в землю, текущую молоком и медом.

Здесь говорится лишь о национальных параметрах: о Праотцах, избавлении от рабства, возвращении в свою Страну и успешной жизни в ней. Здесь нет ничего ни про заповеди или ритуалы служения Богу, ни про универсальную общечеловеческую миссию. После этого полтора месяца дороги в пустыне после Исхода ничего не говорится о каком-либо изменении целей пути[2].

Но когда речь доходит до Дарования Торы (Исх. 19:3) – ситуация резко меняется:

И Моисей взошел к Богу, и воззвал к нему Господь с горы, сказав: так скажи дому Яакова и возвести сынам Израиля: (4) Вы видели, что Я сделал Египтянам; вас же Я носил на орлиных крыльях и принес вас к Себе. (5) И вот, если вы будете слушаться гласа Моего и соблюдать завет Мой, то будете Моим избранным уделом из всех народов, ибо Моя вся земля; (6) А вы будете у Меня царством священников и народом святым. Вот слова, которые ты скажешь сынам Израиля».

Здесь происходит революция. Бог говорит Моисею: иди, скажи им, что сейчас они не просто на очередной стоянке по пути в Страну Израиля – но пришли сюда, чтобы получить также универсальную миссию, быть Мне избранным из всех народов и хранить особый завет со Мной. В этот момент в первый раз всему народу говорится то, что потом провозгласит пророк Исайя: вы будете «народом Завета, светочем народов мира» (42:6). Перед Синайским Откровением сынам Израиля сообщается, что на них взваливается работа быть «прогрессорами» для всего человечества.

До этого у евреев был завет о Земле Израиля, заключенный Богом с Авраамом. Им было известно, что Бог их отцов заключил с ними договор в национальной области: обещал, что они унаследуют землю, но не было речи ни о каких заповедях. И вдруг такие неожиданные перемены! Появляется миссия и работа, а Откровение дается нам не для спокойной жизни, а наоборот. И это вызывает протест, а у некоторых этот протест продолжается и по сей день.

В определенной степени это можно спроецировать на сегодняшнюю ситуацию: мы думали, что строим национальное государство, а на самом деле пришли в Страну Израиля, чтобы быть «светочем народов мира».

Замешательство евреев не описано в Торе явно, но оно видно из их реакции на ситуацию:

(7) И пришел Моисей, и созвал старейшин народа, и изложил им все эти слова, которые заповедал ему Господь. (8) И отвечал весь народ вместе, говоря: все, что говорил Господь, исполним». И пересказал Моисей слова народа Господу.

Обычно мы воспринимаем эти стихи так: Моисей рассказал, народ со всем согласился, Моисей передал Богу согласие народа. Но тогда нам будет совершенно непонятен ответ Бога на слова Моисея:

(9) И Господь сказал Моисею: вот, Я приду к тебе в густом облаке, дабы слышал народ, как Я буду говорить с тобою, и будет доверяться тебе всегда.

Т.е. необходимо предпринять специальные усилия, чтобы народ доверял Моисею. Значит сейчас народ относится к словам Моисея с подозрением, хотя явно Тора и не говорит этого!

Поэтому слова народа из стиха «И отвечал весь народ вместе, говоря: все, что повелел Господь, исполним» – надо понимать иначе. Очевидно, они выражают не поддержку Моисея, а ограничение согласия, сомнение в нем: «Исполним все, что говорил Господь, а не то, что ты, Моисей, нам хочешь предложить. Ранее мы никогда не слышали о такой общемировой задаче, которую, по твоим словам, Бог возлагает на нас. Это не предлагалось ранее и не входило в наши планы – почему же мы должны верить тебе, может быть, ты это сам выдумал?»

Именно это недоверие народа Моисей здесь и «пересказал Господу». И тогда Всевышний говорит: «Придется Мне показать им, что ты действительно говоришь правду и выступаешь от Моего имени. Поскольку сейчас они верят только Мне, а не тебе – Я дам им Тору в такой форме, которая подтвердит твои полномочия».

Еврейский народ не готов верить легко и требует доказательств. И эти доказательства были представлены всем и каждому еврею – все, собравшиеся у Горы Синай, сами лично услышали голос Бога, после которого у них действительно уже не осталось сомнений в истинности Торы и слов Моисея.

Открыв комментарий Раши на этот стих, мы увидим, что они отражают именно такое прочтение[3]. Раши пишет: «и поведал Моисей слова народа – я слышал от них, что они желают слушать повеления от Тебя (а не от меня). Услышать из уст посланца не то, что слышать из уст самого Царя. Мы желаем видеть нашего Царя».

Конечно, народ доверял Моисею как национальному лидеру. Но в этот момент Моисей выдвигает концепцию совсем не национального характера – он, фактически, говорит нечто противоположное: «Все ваши нужды, все, что вы хотите для себя – это только орудие для продвижения человечества. Вы станете царством священников и народом святым, и будете служить человечеству под управлением Бога. Бог видит в вас Его инструмент, передаточное звено!»

Для народа это было шоком. Неожиданно выясняется, что Моисей на самом деле движим концепцией мессианского универсализма, а вовсе не политикой удовлетворения нужд народа. (Представьте себе, какое сопротивление оказал бы сегодня трезвомыслящий народ любому государственному деятелю, провозгласившему бы такое!) Народ сопротивляется, не хочет верить Моисею, и тогда Всевышнему приходится вмешаться Самому.

Таким образом, во время Исхода схема Бога по воспитанию народа была такова: сначала убедить народ, что Моисей – серьезный политический лидер. Приняв эту позицию, народ выражает недоверие Моисею теперь уже как лидеру духовному. Решением этого кризиса станет построение духовного лидерства как следующего, более высокого этажа на базе лидерства национального.

Похожим образом, видимо, развивается и сегодня наше еврейское государство. Сначала мы его строим на национальной основе, а потом вдруг обнаруживаем, что все это нужно для универсального влияния на человечество. Этот переход связан с кризисом, который будет не менее серьезным, чем во времена выхода из Египта.

В поколении Моисея результатом кризиса стало Откровение. Точнее, Бог был «вынужден» дать Откровение всему народу – именно потому, что народ отказывался получать Откровение через Моисея.

Это качество евреев, особое упрямство, постоянное несогласие, скептицизм, недоверие к «очевидным» вещам – называется в Торе «жестоковыйность». Оно явилось источником многих проблем еврейского народа, но оно также и основа получения нами Торы и нашей миссии.

5. Израиль удостаивается Откровения Бога – благодаря своим сомнениям

Итак, Откровение трансцендентного – дарование Торы на горе Синай – произошло не благодаря вере евреев, а напротив, благодаря скептицизму и отказу от необоснованной веры, заложенных в еврейском народе. Становится очевидно, что скептический взгляд не только не «враг» религии, – но наоборот, он ее основа, и даже основа дарования религии: благодаря ему появилась необходимость Синайского Откровения, которое дало толчок всему развитию монотеизма.

Бог специально выбрал Себе скептически мыслящий, «жестоковыйный», сложный и неподатливый народ – именно потому, что если бы народ поверил легко и быстро, для Откровения не осталось бы места.

Не потребуй народ доказательств, он сказал бы: «Ну, раз Моисей, великий человек, говорит, что это приказ от Бога, то мы должны принять его слова. Такому авторитету невозможно не верить». И тогда Моисей сел бы у подножия горы Синай и учил бы весь народ Торе, но не случилось бы Синайского Откровения. В этом случае Моисей стал бы единственным источником Божественного слова, а нам бы осталось только гадать, обманывал он народ или нет. Так что очень хорошо, что наши отцы не поверили Моисею, и благодаря этому удостоились прямого Откровения.

6. Уникальность рассказа «весь народ получил Откровение»

Нам часто приходится слышать, что якобы «в рассказе Торы об Откровении нет ничего особенного, подобные истории есть во многих религиозных системах». Но эти критики игнорируют важнейший факт: ни в одной системе никогда не рассказывается об откровении целому народу. В любой из них – в христианстве, исламе, буддизме, и также в возникших недавно бахаизме или мормонстве – всегда откровение или видение дается одному человеку или небольшой группе людей, которые в дальнейшем становятся «учителями мудрости» для остальных. Но концепция «обращения Бога ко всему народу в целом» – концепция, которая лежит в основе иудаизма! – не встречается ни в одной религиозной системе. Это беспрецедентное явление в истории и культуре человечества, и уже поэтому оно должно привлечь наше особое внимание.

Считающие Откровение на Синае «выдумкой» не могут привести разумного объяснения, зачем евреи, в отличие от всех остальных культур, придумали такую сложную и необычную вещь, «Откровение для всех», а не пошли по стандартному пути «одного человека, достигшего просветления и обучившего этому других». Уникальность еврейского рассказа в этом аспекте не имеет рационально-атеистических объяснений.

7. Сама Тора об исторической уникальности рождения еврейского народа

Важно отметить, что сама Тора сообщает нам о двух событиях – Синайском Откровении и Исходе – как об уникальных в истории человечества: ни с одним народом не происходило ничего подобного.

Во Второзаконии говорится:

> **(5:32) Ибо спроси о временах прежних, которые были до тебя, со дня, в который Бог сотворил человека на земле, и от края неба до края неба: сбылось ли когда подобное этому великому делу, или слыхано ли подобное сему? (33) Слышал ли народ глас Бога, говорящего из среды огня, – как слышал ты, – и остался в живых? (34) Или попыталось ли божество явиться взять себе народ из среды народа испытаниями, знамениями и чудесами, и войною, и рукою крепкою, и мышцею простертою, и ужасами великими, как все, что сделал для вас Господь, Бог ваш, в Египте пред глазами твоими?**

Итак, есть две вещи, которых никогда не происходило, и никакой народ никогда их не придумывал – это выход народа из среды другого народа, и получение Откровения всем народом вместе.

Во всем многообразии народных рассказов о реальных событиях и фольклорных выдумок всего человечества – ни одна история не похожа на рассказ об Откровении у горы Синай.

Поэтому Тора подчеркивает, что даже среди народных вымыслов не найдется подобного. Интересно, что эта уникальность действительна не только на момент Дарования Торы, но сохраняется до наших времен.

И здесь важно отметить, что одна из причин отрицания Синайского откровения – в психологической травматичности этой истории: произошедшее там действительно противоречит природе человека. Идея, будто Тот, Кто сотворил мир, не оставляет меня в покое, что Он говорит мне, как готовить пищу на Субботу и как не смешивать мясное и молочное – разрушает границы бытия, является своего рода насилием.

Мидраш на слова Торы: «и стали под горою» (Исх. 19:17) говорит, что «Бог наклонил над ними гору, как чашу, и сказал: принимаете Тору – хорошо, если нет – это будет ваша могила». Мудрецы приводят еще более шокирующую аналогию: Всевышний «изнасиловал» еврейский народ, дав ему Тору. А на изнасилованной девушке насильник обязан жениться и не имеет права развестись с ней. Так что после насильственного принятия Торы Он уже не может оставить нас.

Но насилие – это всегда травма, как известно любому психологу. Мы не можем и не хотим больше слышать об этом. Так, например, многие, пережившие Катастрофу, до сих пор, спустя шестьдесят лет, отказываются рассказывать об этом, замалчивают, выталкивая Катастрофу из своего мира.

То же самое сказано и в отношении Синайского откровения. Тора говорит: «помни, как стоял ты перед Господом Богом твоим в Хореве». Зачем нужно такое повеление? Потому что событие, произошедшее с нами настолько немыслимо и невыносимо, что мы предпочитаем забыть о нем, а Тот, Кто сделал с нами это, больше не появляется из милости к нам: нельзя же стоять на горе Синай каждый день.

Но почти у каждого человека есть в жизни его собственное «Синайское Откровение», когда с ним случается прояснение, ощущение полной достоверности Диалога. Как правило, это происходит один-два раза в жизни, не более.

8. Синайское Откровение показывает единство религиозного и национального содержания

Итак, Всевышний выбирал себе скептически мыслящий народ, который не доверяет Моисею. Тогда Всевышний Сам открывается всему народу:

(20:1) И говорил Бог все слова сии, сказав: (2) Я Господь, Бог твой, который вывел тебя из земли Египетской, из дома рабства. (3) Да не будет у тебя других Богов сверх Меня. (4) Не делай себе кумира и никакого изображения ..не убивай...почитай отца и мать...

Раши объясняет здесь: *«на море Он явил себя могучим воителем.* [т.е. как Бог, у которого есть цели военные и национальные], *а здесь явил Себя милосердным старцем* [великим мудрецом, источником универсальной морали человечества]. *Поскольку Я предстаю в разных обликах, не скажите, что есть две власти, два правителя: Я тот же самый, Кто вывел тебя из Египта и сотворил чудеса на море».*

То есть, на сомнения народа, что есть две власти, два божества, Всевышний приходит и отвечает: «Тот, который вывел вас из Египта, также как и Тот, кто дает вам Тору – один и тот же Бог».

Национальная идея, воспринимаемая народом как цель, никак не опровергается, но она из цели превращается только в средство в деле выполнения мировой миссии.

Итак, Откровение выявляет, что содержание религиозное и содержание национальное – связаны между собой. Дарование Торы должно восприниматься как продолжение национального сознания, и в дальнейшем вести к трудной идее единства национального и универсального.

ПРИМЕЧАНИЯ

[1] Некоторые полагают, что религия фараона Эхнатона также была монотеистической. Историки придерживаются различных мнений по этому вопросу, но независимо от верности или неверности данного предположения, - несомненно, что человечество восприняло монотеизм от еврейского народа, а не от Эхнатона.

[2] Есть только корректировка маршрута - «через пустыню, а не через страну филистимлян» - но и это было сделано только «как бы не испугался народ при виде войны» (Исх. 13:17), т.е. цель остается чисто национальной.

[3] И такой же точки зрения придерживается Маймонид.

Глава 11. СООТНОШЕНИЕ ПИСЬМЕННОЙ И УСТНОЙ ТОРЫ

1. Письменная Тора и Устная Тора – определение понятий

Еврейская традиция состоит из двух основных частей – Письменной Торы и Устной Торы.

Письменная Тора – это Писание, тексты Пятикнижия Моисея и книги последующих пророков, от 13 до 5 вв. до н.э., которые были собраны в Танах. Это литература пророков, библейская литература.

Устная Тора – это Предание, устная традиция еврейских мудрецов (*Хазаль*), с 1 и до 7-10 вв. н.э., которая была зафиксирована в мидрашах, в Мишне и в Талмуде. Это литература мудрецов, талмудическая литература.

Эти два комплекса текстов – тексты библейской эпохи и тексты талмудической эпохи – являются двумя основополагающими текстовыми основами иудаизма. Однако каково соотношение между этими сторонами Традиции, Письменной и Устной Торой? Вопрос этот отнюдь не тривиальный, он и будет предметом нашего рассмотрения ниже.

2. Два подхода к соотношению Письменной и Устной Торы

Вопрос о соотношении Письменной и Устной Торы возникает прежде всего при трактовке законодательных стихов Торы, в которых подход Талмуда отличается от буквального смысла слов Пятикнижия. Например, в Пятикнижии сказано «око за око, и зуб за зуб» (Исх. 21:24), Талмуд же разъясняет, что эти слова следует применять исключительно как денежную компенсацию за ущерб, и не следует выбивать глаз или зуб обидчику в соответствии с ущербом, который тот нанес.

Разумеется, такое *применение* закона Торы (т.е. компенсация, а не выбивание глаза) является единственно возможным в практической области. Однако является ли принцип компенсации единственно возможным *пониманием* этих стихов Пятикнижия? И в других аналогичных местах – является ли практическое применение закона, сформулированное в Устной Торе, в Талмуде, – единственным возможным пониманием соответствующих стихов Письменной Торы? По этому вопросу в иудаизме есть разногласия.

Одна точка зрения полагает, что Устная Тора (Талмуд и мидраш) по своей сути есть толкование Торы Письменной (Пятикнижия), или, другими словами, что «Письменная Тора это сжатый конспект Устной», и поэтому Письменную Тору можно понимать только так, как ее применение разъяснено в Устной Торе. Среди средневековых комментаторов такой позиции придерживались, например, рабби Саадья Гаон и Рамбан, а в новое время её утверждали Мальбим, рав Цви Мекленбург (автор «hа-Ктав ве-hа-Каббала»), раби Меир Симха Коhэн ми-Двинск (Мешех хохма) и рав профессор Давид Цви Хофман (19 век). Например, Мальбим в своем комментарии к Торе обосновывает, что «око за око» вообще невозможно понимать иначе как денежную компенсацию, и что прямой смысл стихов Пятикнижия именно таков, как видит их Талмуд.

Однако другие комментаторы Торы придерживаются иного подхода – они считают, что нет никакой необходимости толковать стихи Торы, оглядываясь на практические законы; и поэтому вполне возможно понимание слов Письменной Торы совершенно отличное от приведенного в Талмуде. Такой точ-

ки зрения придерживаются, например, Рашбам, Ицхак Абарба-
нель, Нецив из Воложина.

Это возвращает нас к вопросу определения внутренней
структуры Учения, предстающей перед нами во всей своей
двойственности Торы Письменной и Торы Устной, Писания и
Предания. И прежде всего возникает вопрос о смысле этой раз-
двоенности.

3. Пять линий передачи Учения

Талмуд (Брахот 5а) говорит:

> **«Сказал раби Леви бар Хама, сказал раби Шимон бен
> Лакиш: почему написано «И Господь сказал Моисею:
> Взойди ко Мне на гору и будь там; и Я дам тебе камен-
> ные скрижали, и Учение (Тору), и заповеди, которые Я
> начертал для наставления им» (Исход 24:12)?** [Потому что
> это различные части Традиции:] **(1) «Скрижали» это Десять
> заповедей, (2) «Тора» – это Пятикнижие, (3) «Заповеди»
> – это Мишна, (4) «которые Я начертал» – это Пророки и
> Писания, (5) «для наставления им» – это Талмуд. И это
> учит нас, что все эти пять** [линий Традиции] **– были даны
> Моисею на Синае»**

Из пяти упомянутых здесь частей традиции три – Скрижали, Пятикнижие, Пророки и Писания – относятся к Письменной Торе, и две – Мишна и Талмуд – к Устной. Четкая граница
между ними очевидна.

Важно также отметить, что Скрижали выделены в отдельный пункт передачи человечеству Божественного Учения, а это
означает, что Десять Заповедей не случайно приняты во всем
мире как имеющие особый статус.

Когда раби Шимон бен Лакиш говорит, что «все эти части
Учения были даны на Синае» – то он, конечно, не подразуме-
вает, что там были дословно даны Танах, Мишна или Талмуд.
Эти тексты отражают дальнейшие события еврейской истории,

развитие традиции, споры между мудрецами, принятые ими решения и т.д. – все это не было предопределено заранее[1] и не могло быть «дано на Синае» в готовом виде, но лишь в том смысле, что там мы получили основу, корень всех этих будущих разветвлений. Мы словно получили пять разных каналов продвижения Учения в наш мир, пять «входов» – подобных медицинским контактам, внутривенным катетерам и портам, устанавливаемым еще в приемном покое. Позже через них можно будет вводить лекарства, подсоединять к инфузии или мониторам, словом, быстро совершать необходимые манипуляции, не тратя времени на подготовку пациента. Это еще не лечение, но подготовка к нему и дальнейшему восстановлению.

Слова «даны Моисею на Синае» означают, что в общенациональной душе еврейского народа «проложили каналы», по которым в дальнейшем Учение во всей своей полноте может поступать в мир. Есть канал для Десяти заповедей, и есть канал для Торы, и есть канал для заповедей (Мишны), и есть канал для Пророков и Писания, и есть канал для дискуссий Талмуда. Все это получено на Синае в потенциале, чтобы с течением времени развиваться и детализироваться поколениями.

4. Разделение «Письменной Торы» и «Закона»

Приведенные выше пять линий передачи Учения делятся на две группы – Письменную и Устную. Основой Письменной Торы является Пятикнижие, Устная же Тора находит свое отражение прежде всего в Мишне, разъясняющей детали соблюдения заповедей.

В словах Реш Лакиша проясняется, что корень Устной Торы, «Заповеди» – дан отдельно от Пятикнижия, Письменной Торы. Иными словами, Письменная и Устная Тора приходят к нам по разным каналам, это две разные формы выражения Божественного Учения. Одна форма совсем не является толкованием другой, они параллельны.

5. Источник Устной Торы в «словах Бога» – без связи с Письменной Торой.

«Заповедь» – это то, что я должен делать, как я должен поступать. Откуда я знаю, в чем состоит мой долг? – От Моисея с Синая. Там началась традиция, переданная Моисеем дальше, вплоть до наших дней. Эта линия Учения не тождественна Письменной Торе, но идет с ней рука об руку, рифмуясь и переплетаясь. Поэтому далеко не все детали законов должны быть прописаны в Пятикнижии: какие-то из них могут передаваться по линии Устной Торы.

Например, в Торе есть стих «И сказал Господь Моисею так: Говори сынам Израиля и скажи им, чтобы делали себе кисти-цицит на углах одежд своих для поколений своих» (Числа 15:37). Понятно, что, услышав это повеление, Моисей пошел к сыновьям Израиля, повелел им сделать цицит и научил, как правильно это делать. Параллельно с этим он записал в Торе отрывок про цицит. Но народ узнал про обязанность цицит не из текста Торы, а со слов Моисея. Они научились делать цицит так, как Моисей объяснил им устно, а вовсе не на основе его записи. Более того, если бы этой записи в тексте Торы не было – а есть много деталей заповедей, не записанных в Торе[2], то их цицит все равно оставались бы исполнением «заповеди из Торы», поскольку это было прямым повелением Всевышнего.

Таким образом, источник Устной Торы – в прямом повелении Бога, в «слове Бога», вне связи с отражением его в Письменной Торой.

6. Различия в характере Письменной и Устной Торы

Итак, Письменная и Устная Тора – два различных канала передачи Учения.

Записанное в Письменной Торе призвано передать нам общие принципы и базовые ценности. Она передает идеалы, к воплощению которых мы должны стремиться, даже при том, что далеко не всегда эти идеалы реализуемы в нашей сегодняшней жизни. А Устная Тора занимается практической жизнью и связанными с ней заповедями.

При этом нельзя сказать, что авторитет и статус Письменной Торы выше, чем Устной. В некотором смысле они имеют равноправный статус. С одной стороны, Письменная Тора важнее и глобальнее Устной, она явно превосходит Устную в своем величии. С другой стороны, при любом практическом применении Устная Тора имеет преимущество перед Письменной.

7. Письменная Тора – голос Небес, Устная – его синтез с мнением народа

В связи с этим возникает вопрос, зачем вообще была написана Письменная Тора? Ясно одно: не для того, чтобы выводить оттуда законодательные решения. Письменную Тору невозможно рассматривать как свод законов: они в ней не упорядочены и не систематизированы, законы на определенную тему не только разбросаны по всему тексту, но и зачастую их различные формулировки противоречат одна другой.

Например, по вопросу освобождения раба в одном месте Пятикнижия написано, что это происходит после шести лет работы, в другом – что во время юбилейного года, а в третьем – что вообще никогда. Таким образом, собственно закон из Письменной Торы понять невозможно. Очевидно, что записана она не для того, чтобы научить нас как исполнять заповеди.

Для чего же нужна тогда Письменная Тора? И зачем нужна такая структура, когда есть два канала, две Торы?

Письменная Тора была записана Моисеем со слов Бога, под Его диктовку. Источник Устной Торы другой: Моисей говорил, и мы слушали. В отличие от Письменной, в создании Устной Торы ощущается сотрудничество народа с Богом.

Рав Кук говорит об этом так (Орот hа-Тора, гл 1, Устная Тора и Письменная Тора):

Письменную Тору мы воспринимаем через наивысший и всеобъемлющий канал нашей души. Через него мы чувствуем близость великолепного сияния, оживляющего все мироздание.

Речь Творца запечатлена в мироздании. Есть нечто универсальное и космическое в Письменной Торе, не случайно она начинается с Божественного сотворения мира: «Вначале сотворил Бог небо и землю». А тексты Устной Торы начинаются с: «Когда читают Шма вечером?» (Мишна, трактат Брахот) – т.е. с меня, с человека. Разница огромна.

Благодаря Письменной Торе мы поднимаемся выше рассудка и разума, ощущаем, как Дух Божий витает над нами, достигая и не достигая нас,

Т.е. Он и трансцендентный, и имманентный одновременно.

парит над нашей жизнью, озаряет ее своим светом, светом сияющим, искрящимся, проникающим повсюду, «по всему небу направляет его» (Йов 37:3). Этот великий свет порожден не нами, не духом народа, но он порожден духом Бога, сотворившего все мироздание. Это учение жизни – основа творения всех миров.

А в Устной Торе иной настрой: мы спускаемся на землю, в жизнь; мы воспринимаем высший свет уже через другой канал души – канал, приближенный к жизни практической, жизни действий.

Закон непременно и неразрывно связан с повседневной жизнью, ежедневной рутиной. Поэтому источник заповедей – Устная Тора, а не Письменная.

В Устной Торе мы ощущаем, что та форма, в которую она облечена – эту форму создал дух народа, его уни-

кальный характер – связанный со светом Торы Истинной, как пламя связано с пылающим углем.

Форма Письменной Торы задана с Неба. Но форма Устной Торы создана сотрудничеством народа и Бога, дух еврейского народа принимал полноценное участие в ее формировании.

8. Народ влияет даже на прямой текст Письменной Торы

Итак, для Устной Торы еврейский народ – один из авторов ее формирования. Устная Тора изначально устроена так, чтобы согласовываться с текущей жизнью.

Письменная же дается напрямую с Неба, однако и она зависит от еврейского народа.

Влияние народа на содержание Письменной Торы проявляется в трех аспектах.

Во-первых, в получении Письменной Торы тот реальный народ, которому она дана – его ментальность, его базовые взгляды на жизнь и т.д. – в некоторой степени определяет форму ее изложения.

Во-вторых, события, происходящие с народом, его действия оставили свой отпечаток в Письменной Торе (описание деятельности Авраама, Ицхака, Моисея, всего народа при выходе из Египта – запечатлены в Торе).

В-третьих, Устная Тора определяет понимание текста Письменной: смысл слов и предложений, применение того или иного закона и многие другие важные детали – т.е. Устная Тора существенно влияет на смысл, вкладываемый нами в прочитанное.

Но влияние всех трех аспектов в целом не так уж сильно. Письменная Тора остается речью Бога, в то время, как Устная вся целиком является синтезом Божественного слова и голоса еврейского народа. В Устной Торе еврейский народ является важнейшим фактором, влияющим на ее формирование, принимаемые ею законы и их детали – поскольку в конечном итоге законом будет то, что будет принято народом. Сама сущность Устной Торы – Тора, прорастающая из земли, а не данная с Неба.

Только соединение этих двух линий дает уникальную форму Божественного Учения, по которой можно жить и которая при этом может продвинуть все человечество к Божественному свету.

ПРИМЕЧАНИЯ

1 Предположение о том, что «все это было изначально известно и было в буквальном смысле передано Моисею на Синае, а потом лишь записано» - лишает смысла всю дальнейшую жизнь и противоречит положению о свободе выбора, которое является одним из краеугольных камней иудаизма и монотеизма вообще.

2 Есть даже «законы, заповеданные Торой», *де-орайта*, – которые при этом не прописаны в Письменной Торе. Примером этого является «запрет на интимную связь с дочерью» – Рамбам включает этот запрет в число 613 заповедей, хотя в Торе это нигде не сформулировано. Т.е. не все заповеди «из Торы» написаны прямым текстом в Письменной Торе.

Глава 12. ВОЙНА И ЕЕ РЕЛИГИОЗНЫЙ СМЫСЛ

А. Необходимость духовного анализа войны

1. Еврейская традиция в прошлом не придавала пониманию войны должного значения

Войны в Танахе встречаются неоднократно. Очевидно, что в Священном Писании, – т.е. в слове Бога, обращенном к людям – война и ее религиозное осмысление занимает весьма значительное место.

Однако дальнейшая еврейская традиция этой темы почти не касается. Есть лишь некоторые упоминания о военных действиях, и практически нигде не встречается систематического религиозного анализа самой сути войны. Причина этого в том, что талмудическая и раввинистическая литература сформировалась в эпоху отсутствия у еврейского народа собственного государства. Понятно, что во время изгнания этот вопрос не стоял в иудаизме так остро: мы были далеки от реального участия в боях, и все это время война не занимала важного места в еврейской мысли.

В наши дни, вернувшись к национальной политической жизни, а значит и к войнам, сопряженным с такой жизнью, нам следует уделить мыслям и рассуждениям о войне гораздо больше внимания. Но сделать это в рамках еврейской традиции непросто – прежде всего потому, что почти ни у кого из еврейских мудрецов мы не находим упорядоченной системы взглядов на войну.

Исключения составляют тексты, в которых вопросы войны рассмотрены достаточно подробно, как например: «Законы ведения войны» в Мишне Тора у Рамбама, и раздел «Война» в книге Орот р. Кука. Поэтому именно эти два текста мы используем ниже для анализа проблем войны.

2. Невозможно игнорировать феномен войны

Сложность религиозного анализа феномена войны еще и в том, что еврейским идеалом является мир. Мы очень любим гордиться тем, что идеал мира во всем мире был провозглашен еще в книге Исайи (2:4): «Перекуют мечи свои на орала и копья на садовые ножницы, и не поднимет меча народ на народ, и не будут больше учиться воевать» – и этот образ затрудняет нам анализ духовного и религиозного смысла войны.

Разумеется, мир – очень высокая ценность, но как нам при этом правильно относиться к войне? Является ли она тоже важной и необходимой категорией, нужно ли уделить время размышлениям о ее смысле, вкладывать в это духовные силы? Или война – просто некая локальная неправильность, не содержащая позитивных элементов, и обдумывать ее смысл бесполезно?

Исходя из безусловного идеала мира в иудаизме очень многие так и воспринимают войну: как локальную неисправность местного значения. Но нам такой подход представляется неправильным. Война – настолько серьёзное и глобальное явление, что относиться к ней как к «ошибке» будет слишком поверхностно, мелко и несерьезно. С таким отношением мы никогда не поймём её феномен, не сможем с ним справиться и не научимся правильно воевать.

Совершенно ясно, что страна, пренебрегающая силой своей армии, будет неспособна справиться с нападением. Но сила армии не заключается в одной лишь материальной мощи, но и в понимании значения войны, ее духовного смысла. А это значит, что такое понимание необходимо еврейскому народу на нынешнем этапе его развития.

3. Война неслучайно сопровождает всю историю цивилизации

Мы знаем, что войны были всегда, с самого начала истории, с момента возникновения исторического сознания. И сейчас, пока вы читаете этот текст, в мире ведется 20-30 войн разной степени интенсивности. В чем же причина этого?

Перманентные войны представляет собой огромную проблему для наших представлений о мире. Мы знаем, что человек – венец творения, что нет более возвышенного творения, чем человек (так, по крайней мере, мы привыкли думать). При этом человек – единственный из живых существ! – днем и ночью занят войной, убийством себе подобных, или приготовлениями к войне. Это удивительно – ведь даже у волков мы не встретим такого! Волки задирают овец (и человек тоже ест животных), иногда они дерутся из-за самок – но война никогда не становится их постоянным занятием, как это происходит у людей.

Зачастую считается, что войны происходят по вине бесчестных лидеров, грязных политиков и прочих плохих людей. Ведь действительно, проведи мы поголовный опрос на тему, предпочитают ли люди на земном шаре войну или мир, – наверное, 99% опрашиваемых будут утверждать, что предпочитают мир. Это может навести на мысль, что только некоторые отдельные личности заинтересованы в войне и хитрым обманом заставляют людей воевать друг с другом. Но, будь это так, почему же этому мирному большинству не убрать своих безумных лидеров, не избавиться от них, чтобы в мире воцарился мир? А ведь они не только не избавляются от них, но и избирают и поддерживают этих лидеров. По-видимому, ситуация не так проста.

Конечно, в истории человечества есть не только периоды «войны или подготовки к войне», но и мирные времена, – наступающие, как правило, после ужасов войны предыдущей, когда люди настолько потрясены и шокированы, что некоторое время не в состоянии вести боевые действия. Однако приходит следующее поколение, ужасы забываются, и все начинается сначала.

По сути, вся наша история – это запись войн, которые вело человечество. Получается, что война – это свойство души человека, как сказал в свое время Гераклит, и поэтому войны всегда были и всегда будут.

Многие философы пытались найти решение этой загадки: почему человек, вроде бы желая мира, ведет войну? Платон считал, что в людях есть некое животное начало, которое хочет быть проявленным; наличие у нас зубов и когтей свидетельствует о свойственном нашему телу насилии, и войны происходят, поскольку это звериное начало желает проявиться. Другими словами, причина войн – необоримое злое начало в человеке и в человечестве.

Были философы одобряющие войну. Например, Ницше считал, что война – замечательная вещь, что она закаляет и дает силы, что народ, который не ведет войн – слабый народ, и поэтому состояние войны лучше, чем состояние мира. Подобные рассуждения, восхваление и почитание насилия – мы встречаем в наши дни у некоторых обитателей Ближнего Востока. Такое же превознесение силы наблюдалось и в древности, как мы знаем из нашей традиции – у Санхерива и Навуходоносора[1].

Были также попытки объяснить происхождение войн рационально-материальными причинами. Кант полагал причиной войны конфликт материальных интересов – например, если один силен, но у него нет нефти, а у соседа нефть есть и он слаб, то сильный захватывает слабого, и это хотя и неприятный, но естественный ход событий. Эту идею довел до логического конца один из величайших идеологов войны, тоже немец Карл фон Клаузевиц, который сказал, что слабый должен заранее понимать, что это он виновен в войне.

Клаузевиц реально смотрел на вещи, он видел, что война это часть функционирования мира, она неизбежна. Кант же, будучи, вероятно, несколько добрее Клаузевица, не считал войны неизбежными и пытался найти рациональное решение проблемы. Он предлагал два варианта предотвращения войн. Первый – сдерживание угрозы. Примером из наших дней может стать ядерный паритет: вследствие технологического прогресса способы убивать усовершенствовались настолько, что враждующие стороны не осмеливаются применять их, опасаясь ответного удара. Второй вариант – развитие экономики. Мировая глобализация создает между государствами взаимовыгодные отношения, при которых истребление противника и подрыв его экономики ставит под угрозу и экономическое положение агрессора: я разрушу экономику соседа – мне негде будет купить то, что мне нужно, и некому будет сбывать то, что я произвожу – моя собственная экономика придет в упадок.

Очень многие в сегодняшнем мире, надеясь на эти способы решения проблемы, преувеличивают и даже раздувают их действенность. Однако при этом не учитывают одного серьезного фактора: в нашем мире есть «сумасшедшие», которым наплевать на рациональное мышление, и нередко они-то и приходят к власти и начинают совершенно «экономически неоправданную войну». Наверное, это происходит потому, что они на самом деле не такие уж сумасшедшие, просто их система ценностей, как и система ценностей их электората – весьма радикально отличается от системы ценностей кантианских философов. Им нет никакого дела ни до сдерживания угрозы, ни до глобализации мировой экономики, главное – что у них есть возможность нажать на кнопку. Это внушает опасения: раз уж на кнопке написано «не нажимать» – вероятно, именно это кто-нибудь и сделает.

Поэтому предложенные Кантом решения не в силах предотвратить войны. Мировой конфликт интересов продолжается (хотя и меняются страны, вовлеченные в этот конфликт), и даже мировая война всегда остается довольно близкой возможностью – не говоря уже о локальных войнах, не прекращающихся, несмотря на все попытки «урегулирования». А это означает, что вопрос войны не решается на уровне мирных уговоров.

В. Мировые войны и создание Государства Израиля

4. Первая и Вторая мировые войны как неудача христианства, требующая переосмысления пути

Накануне Первой мировой войны в Европе всюду царило «джентльменство». В салонах Вены, Парижа, Петербурга и Берлина слушали музыку Шуберта, целовали ручки дамам и разговаривали о нравственности и воспитании молодежи. Были и те, кто писал статьи про «великую Россию, Германию, Францию» (иногда это были те же, кто слушал Шуберта), но они совсем не казались ведущей силой общества. При этом большая часть мира представляла собой колонии, порабощенные Европой ради того, чтобы Европа могла поставлять им свет культуры. И в Европе действительно царил свет культуры. Но как только убили наследника австрийского престола – все немедленно вышли из салонов, перестали целовать ручки дамам, забрались в окопы и начали убивать друг друга. В результате было убито более 20 миллионов человек.

Европейцы гордились своей цивилизованностью, противопоставляя ее дикарству прошлого и современных им туземных колоний. А в итоге весьма правдиво выглядит диалог Каннибала с Европейцем:

К: Расскажи, что произошло в Первой мировой войне?

Е: Мы убили 20 миллионов человек.

К: И кто же такое количество мяса съел?

Е: Мы их вообще не ели!

К: Фу, какое варварство!

Почему же Европа, провозгласив основанием человеческого общества христианские ценности, милость и милосердие, – опустилась до такого кровопролития? По мнению рава Кука, Первая мировая война стала свидетельством фиаско Европы и христианства. Война означала, что христианство как основа этики провалило свой «выпускной экзамен».

К началу XX века христианство стало интегральной частью культуры, а не институциональной религией. В европейском обществе христианство уже не было доминирующим государственным институтом, который мог бы заставлять и принуждать к чему-то, оно стало скорее культурным фоном европейского общества, его общей памятью. Европейская цивилизация объявила моральные нормы и ценности христианства уже освоенными, она сказала: «Мы отходим от христианства как религии, но все его духовные ценности – милосердие, любовь к ближнему, уважение к личности – берем с собой. Именно их мы внедрим в нашу жизнь». Эти ценности перестали восприниматься как религиозные положения и стали неотъемлемой частью культуры. А это означало, что христианство завершило свою работу – и теперь сдает экзамен на прочность духовных основ построенного им общества.

И как раз в это время разразилась Первая Мировая война с ее миллионами убитых.

Непосредственно накануне войны самой обсуждаемой в мире темой был высокий культурный уровень современного мира. В европейских салонах 1912 года провозглашалось, что этот уровень теперь якобы настолько продвинутый и цивилизованный, что никаких войн в нем нет и быть не может. Но уже через пару лет участники этих салонных бесед, еще недавно рассуждавшие о культуре, цивилизации и уважении к личности – спустились в окопы, чтобы убивать друг друга.

Представьте себе: на выпускном вечере школьники подрались, устроили поножовщину, зарезали половину класса. Учитель, который вел этот класс все 12 лет, говорит, что он «ничему такому их не учил, а наоборот учил их только хорошему». Как же так? – ужасаемся мы, как могло произойти все это, если их учили только добру?! Случись это в начале или в середине учёбы, можно было бы предположить, что курс обучения еще не завершён – но на выпускном вечере нам очевидно, что если учили только хорошему, а вышло вот такое – то сама система обучения, при всех ее достижениях, в чем-то кардинально неправа.

Разумеется, христианство принесло в мир огромное духовное продвижение (базирующееся на иудаизме), и построило основы Западной цивилизации. Но в то же время мировая война послужила показателем того, что в христианстве имеется фундаментальный изъян, требующий глубокого переосмысления предыдущих схем, вопиющий о невозможности продолжать далее прежний подход.

Согласна ли сама христианская цивилизация с такой оценкой р. Кука, признает ли она что Мировая война это неудача христианства, требующая переосмысления пути?

Если в оценке значения Первой Мировой войны в христианстве есть разные мнения, то в отношении Второй Мировой западное христианство практически единодушно признало этот факт. Вторая Мировая война и Катастрофа кардинально повлияли на западное христианское мышление, привели как к осуждению христианского антисемитизма и возникновению «Теологии после Освенцима», так и к далеко идущим изменениям позиций – прежде всего по отношению к иудаизму, но и к переосмыслению всей христианской теологии вообще.

Этот процесс далеко еще не завершен, и к чему это приведет в дальнейшем – отдельная тема, которую мы не рассматриваем здесь. Но глядя сегодня на прошедшее столетие из перспективы будущей истории, мы видим, что Первая и Вторая мировые войны – на самом деле одна война из двух раундов: практически те же противники – страны Оси и страны Антанты, и лишь передышка в военных действиях на два десятка лет разделяет эти события. И только после второго раунда этой войны христианский мир осознал то, что рав Кук увидел еще в начале первого раунда боевых действий.

Но ведь «мировые» войны происходили и раньше, например: войны Наполеона или Тридцатилетняя война, почему же они не дискредитируют христианство? Каковы основания именно XX век считать «проваленным выпускным экзаменом»?

Разница существенна: ведь в предыдущие времена общество не декларировало «мир как общезначимую ценность». Европейцы были христианами, но международная политика не претендовала на реализацию христианских моральных ценностей. Тогда как в современном сознании, и именно в период секуляризации, это основание провозгласили важнейшим: «Бог любит мир между людьми», когда все «относятся к ближним своим с любовью». И именно тогда, в период столь тотального оптимизма, происходит чудовищное кровопролитие, явственно указывая на наличие какой-то фундаментальной ошибки в основаниях этой культуры.

Этот кризис ярко отразил философ Эмануэль Левинас (сам он был евреем, но его учение находится в магистральном русле европейской философии второй половины 20-го века), который выразил сомнение, можно ли вообще говорить о какой-либо ценности культуры, допустившей Катастрофу? Ведь, в конечном итоге, это цивилизованные культурные христианские народы устроили Катастрофу, часть – активными действиями, другие – непротивлением им.

5. Почему христианство не смогло исправить жажду войны у народов мира

Как же стало возможным такое в культурной Европе? Рав Кук начинает с ответа, близкого ответу Платона: «человек имеет склонность ко злу». Но как исправить человека, и почему христианству за две тысячи лет это не удалось? Рав Кук говорит об этом так (Орот, Милхама, 1:5):

Культура болезненного нравственного подавления, властвовавшая долгое время над христианскими народами, угнетала их сердца [а не исправляла их] – и поэтому огромное количество душевных болезней и гнева-протеста накопилось на дне их душ. И они прорываются наружу из своей клетки, посредством очень кровопролитных и страшно жестоких войн, соответствующих этой неисправленной – пока что! – природе их душ.

Рав Кук видит недостаток христианства в том, что оно подавляло, а не исправляло жестокие склонности принявших его народов.

Христианство декларировало очень высокую степень отказа от насилия: «подставить вторую щеку». При этом оно обращалось к народам, для которых ежедневное насилие и убийство было нормой жизни: грекам, римлянам, кельтам, германским и славянским племенам. Христианские принципы «ненасилия» были настолько оторваны от реального бытия людей, что по отношению к ним в европейской культуре сразу сложилось отношение как к чему-то очень далекому, что даже и не стоит пытаться воплотить в реальной жизни. Этому также способствовала идея разделения мира на Божественное и Кесарево – «Богу богово, а Кесарю кесарево» (Мф. 22:15) в результате которого вся сфера государственной власти, управления социумом, экономики и войны была выведена за пределы религии и минимальных религиозных требований.

А поскольку требования «ненасилия» воспринимались как абстрактные идеалы, подходящие в лучшем случае для выдающихся индивидуумов, но заведомо нереализуемые на уровне общества – исправления душ не происходило. Декларируемая церковью мораль не только ощущалась «нереальной» – она тяготила народы, объявляя обычное поведение «греховным», и поэтому «на дне их души» скапливались гнев и протест. В мирное время насилие в некоторой степени сдерживалось властью, но в период войны эти преграды снимались, и природа «христианских душ европейцев» проявлялась без купюр.

В некотором смысле, христианство пыталось «связать человека, чтобы он не грешил», однако душа не исправляется от связывания. Пока жестокий, злой человек связан, он, возможно, и не будет грешить – но освободившись, он возвращается к своему обычному ужасному поведению. Снимая привычные ограничения, война становится периодом жуткой свободы, когда неисправленная душа во всей полноте проявляет свои дурные наклонности, доходя до самого низа, убивая и разрушая все вокруг.

В проблеме насилия христианство предложило неверное решение: подавление страстей, а не их исправление. Правильное решение, как объясняет рав Кук, постепенно придет от еврейского народа, из этики иудаизма, которую воспримут народы мира.

6. Техническое развитие без духовного наполнения толкает цивилизацию к войне

Первая мировая война и XX век в целом были временем «крушения надежд», в том числе и надежд на улучшение мира вследствие технологического прогресса. Надежды эти не оправдались: улучшений на морально-этическом уровне не произошло. В те дни Анри Бергсон, – еврей, но очень далекий от своих еврейских корней, человек особой интуиции, – говорил: мы видим, как мир совершенствуется технологически, захватывает все больше и больше пространства. При этом морально-духовный уровень остается практически прежним. Такая ситуация чревата опасностью, что материальная сила мира будет возрастать, и не останется никаких духовный преград, сдерживающих ее.

Бергсон считал, что миру, продвинувшемуся в науке и технологии, остро требуется «прибавление души», продвижение в духовности, которого не происходит. А раз нет духовного, морального содержания, наполнившего бы эту огромную машину, развивающуюся и расширяющуюся, – значит эта машина будет использоваться «злым началом», фундаментальным злым началом человечества, приводящим к кровопролитию.

Можно сказать, что в некотором смысле Бергсон предвидел Катастрофу.

И сегодня в нашем мире вызывает тревогу несоответствие между быстрым развитием техники и культуры с одной стороны и относительно слабым продвижением в области религии и духовности с другой.

Различные социальные группы пытаются по-разному это несоответствие объяснить и исправить.

Так, например, ультраортодоксальный (харедимный) подход говорит, что весь современный мир плох и неправилен, поскольку он не соответствует классическому духовному наполнению, каким оно было несколько столетий назад и остается по сей день. Поэтому нужно вернуться к такой действительности, где духовная и материальная сторона были уравновешены. Разумеется, сторонники таких взглядов не предлагают выбросить из жизни компьютеры и мобильные телефоны (они осознают, что это социально невозможно), но они настаивают на неприятии культурного содержания современного мира, каким оно стало в результате расширения научных и социальных представлений. По их мнению, такой отказ вернул бы прежнее равновесие, позволил бы обществу сохранить свой духовный мир стабильным, а современная культура, в урезанном варианте, могла бы быть принята лишь как техническая подпорка.

На другом полюсе этого же несоответствия располагается жажда «нью эйдж», современной мистико-магии. Увлечение нео-индуизмом, нео-дзенбуддизмом, вульгаризованной «поп-каббалой» – стало столь популярно именно в наше время потому, что людям хочется какого-то нового духовного наполнения. Не находя его в классической религиозной схеме, они пытаются добыть искомое в «нью эйдж» и восточных философиях, поскольку мало что о них знают и полагают, что из них можно взять нечто, способное скомпенсировать недостаток в духовном развитии.

Однако ни тот, ни другой подход не в состоянии дать обществу основы, на которых можно было бы продвигаться, удерживая при этом равновесие материального и духовного развития, и поэтому они не дают достойный и адекватный ответ на расширяющийся духовный поиск человечества.

По нашему мнению, это можно сделать только на базе обновления понимания Торы – т.е. той моральной основы, на которой и была построена Западная цивилизация, на которой она прошла первый этап своего развития. А это означает, что на нас возложена ответственность за духовное развитие, на основе Торы, для всего человечества, а не только для еврейского народа, – то развитие, которое скомпенсирует дисбаланс в современной цивилизации.

7. Создание Государства Израиля как следствие мировой войны

Сегодня, после двух раундов мировой войны 20-го века, несмотря на все кошмары массовых миллионных убийств Катастрофы, на все трагедии и бедствия этой войны, – очевидно, что одним из ее следствий стало также создание Государства Израиля, возвращение еврейского народа в свою Страну и завершение нашего двухтысячелетнего изгнания. Мы трепетно восхищаемся этими переменами, но величие и глобальность их для всей истории развития человечества все еще не осознаны в полной мере.

Рав Кук застал лишь начало этого процесса, но увидел его перспективу с самого начала Первой мировой войны – ибо как это ни странно было бы предположить, именно мировая война, столь ужасная и кошмарная и столь ненавидимая нами, проложила дорогу созданию Израиля.

Подчеркивая, что корневой причиной этой войны был провал «выпускного экзамена» христианства, несмотря на его огромный вклад в духовное продвижение цивилизации, – рав Кук утверждал, что дальнейшее духовное исправление человечества и нахождение решений стоящих перед ним моральных проблем может быть совершено лишь Государством Израиля. Значит, пришло время создать это государство – и ход истории таков, что созидание произойдет в результате мировой войны.

Кризис европейской цивилизации на «выпускном экзамене» христианства продемонстрировал, что без еврейского государства человечество не смогло решить свои моральные проблемы. Необходимо, чтобы народ Израиля занял на карте мира положенное ему в семье народов место, чтобы проложить миру путь к провозглашенному уже давно идеалу: «перекуют мечи на орала, не поднимет народ меча на народ, и не будет больше воевать». И к сожалению, путь к созданию этого государства лежит через войну и ее дальнейшее переосмысление.

8. Разрушительная война, несмотря на все ее ужасы, дает человечеству обновление

Рав Кук уже в начале Первой мировой войны предвидел создание Государства Израиля как ее следствие, поскольку создание еврейского государства и возрождение Западной цивилизации – взаимосвязанные процессы. Он говорит об этом так (Орот, Милхама, 9):

> **Устроение здания мира, разрушающегося сейчас от ужасных бурь, от кровавого меча – требует устроения еврейского народа.**

Разрушение мира, происходящее во время Первой мировой войны, требует предоставления народу Израиля своего места. В результате Первой мировой войны была провозглашена декларация Бальфура, т.е. положено начало процессу Возвращения. Но тогда массовой репатриации не случилось, и только Второй раунд мировой войны привел к созданию Государства Израиль.

> **Устроение жизни еврейского народа и проявление его духа образуют единство, – и оно связано с устроением всего мира в целом – мира распадающегося, уповающего на единство и духовную высоту, присущие душе Израиля.**

Проявление духа еврейского народа неотделимо от построения еврейского государства, построения души Израиля. А возрождающийся дух народа Израиля кардинально влияет на все человечество.

> **От обновления нашего духа также обновятся и все культуры мира, идеи станут богаче, жизнь озарится радостью от нового рождения. Когда мы оживем, то все верования облачатся в новые одежды, снимут одежды грязные и оденутся в драгоценные, отвергнут из своей среды все испорченное, нечистое и отвратительное, и вместе будут напитываться от росы святости, которая в колодезе Израиля будет уготована для каждого народа и для каждого человека.**

Обновление Израиля будет служить обновлению всего мира, исправлять идеи всего человечества.

> Благословение Авраама всем народам земли проявится во всей свое силе, и на его основе заново начнется устроение Святой Страны.
>
> Нынешнее разрушение – подготовка к новому возрождению, глубокому и особенному. Искрится свет высшей милости, открывается имя «Я Сущий, Который Пребудет». Воздайте величие Богу нашему.

Очень возвышенное предвидение. Даже сегодня, через 65 лет после создания Государства Израиль, этот процесс только лишь начинается.

C. Божественное как источник примирения людей

9. Война глубоко заложена в природе человека-получающего

Вернемся к тому факту, что война имманентно присуща цивилизации и рассмотрим глубинные причины этого.

Во многих наших молитвах и благословениях мы встречаем выражение: «устанавливающий мир на высотах Своих – Он да пошлет мир Израилю». Мы часто не замечаем печальности этого предложения, некоторые (иногда) даже поют его на возвышенный и довольно радостный мотив, – но в сущности оно трагично. Это свидетельство печальной истины: только Тот, кто устанавливает мир на небесах, только Он в состоянии принести нам мир. Этот мир может быть дан только Свыше, а сам человек не способен установить его, потому что в основании человеческой души – война.

Maharaль из Праги в книге «Дерех хаим» объясняет, что противостояние людей и народов друг другу свойственны естественному порядку вещей. Конфликт глубоко заложен в природе человека и человечества, вопрос лишь в какой форме этот конфликт проявляется. У праведников конфликт выражается в идеологических и философских спорах, у злодеев – в насилии и войне.

Причина кроется в том, что человек, будучи существом сотворенным (а не возникшим и существующим самостоятельно) исходно получает своею реальность извне, от Другого, т.е. является «получающим». Кто-то Другой, находящийся за пределами меня, дает мне мое существование. Я, мое наполнение, как и всех и каждого в этом мире, приходит не от меня самого – но извне.

А между двумя получающими непременно возникнет конкуренция за то, кто из них будет получать больше. И поэтому война изначально в природе человека. Римская присказка «человек человеку волк» – вовсе не описание злодея, а констатация нормы отношений между людьми.

Разум говорит: не спорьте, не ссорьтесь, богатств мира хватит на всех. Разум призывает к миру и сотрудничеству – но природа человека призывает к войне.

Разум очень силен, и в состоянии даже властвовать над природой, поэтому иногда он может победить ее и остановить войну. Нам даже повелевается преодолеть природу, и именно об этом говорит идеал мира, провозглашенный пророком Исайей. Но это довольно сложная работа, равная по масштабу всем достижениям цивилизации человечества.

10. Религиозные пути преодоления войны

Если война – это природа человека-получающего, то каким образом мы можем противодействовать этой природе, как же нам тогда достигнуть мира?

Обычное миротворческое движение пытается действовать на уровне рационального сознания. Оно говорит: «Не надо думать, что ресурсов мало. Это неверно, их хватит на всех. Давайте лучше вместе решим, как правильно всем вместе ими распорядиться. Ведь ясно же, что если мы начнём воевать, то часть ресурсов уничтожится и нам всем достанется меньше. Поэтому с рациональной и разумной точки зрения вести войну совершенно неразумно, давайте лучше договоримся». Стандартное миротворческое движение говорит, конечно, о материальных ресурсах, а не о духовных, – но та же самая проблема есть на всех уровнях.

Такая рациональная точка зрения – «лучше договориться, и мы все получим больше» – существует много столетий, и результат ее деятельности ничтожно мал. Потому что для успеха этой идеи совершенно необходимо, чтобы все участники конфликтов согласились с таким решением: ведь если делиться будет готова только одна сторона конфликта, то вторая действительно все у нее заберет. Но договориться не удается – страсть захватить как можно больше непреодолима, и у кого-нибудь из участников конфликта она рано или поздно прорвется. Она все время напоминает, что опоздавшим может и не достаться, или кому-то может достаться больше (и вообще: это по праву мое, почему я должен это отдать?). Эту страсть невозможно обуздать простыми рассуждениями о том, что «всем всего хватит», ведь внутренняя жажда взять больше настолько сильна, что она может надеть другие одежды, найти другую формулировку – исторической или социальной справедливости, моральной правильности, всеобщей пользы. Рациональные аргументы бессильны в противостоянии со страстью, гораздо глубже укорененной в природе человека, чем рациональность, – поэтому они не сработают, глубинная страсть к войне так или иначе найдёт себе выход.

Для реального установления мира нужна совершенно иная система. У нее должно быть три параметра: (1) она должна исправлять «жажду приобретения», а не подавлять ее; (2) она должна быть религиозной – потому что только религиозный, а не «теоретически-рациональный» подход обладает той огромной энергией, которая способна изменить природную склонность человека; (3) она должна давать чувство единства, но при этом сохранять различия, не подавлять разнообразие людей и народов, дать каждому свободно развиваться.

Система не должна загонять под замок фундаментальную «жажду получать». Эта страсть должна быть исправлена, а не задавлена, – как это происходит в классическом христианстве, которое проповедует «нестяжательство», но при этом склонность к захвату и «стяжательству» в конце концов все равно прорываются, причем в неисправленной форме. Такие сильные чувства нужно не подавлять, а встроить в единую схему и дать им необходимое развитие, при котором «страсть приобретения» работает на достижение идеалов и ценностей, общих для всего человечества. Важнейшим является здесь чувство религиозного единства – именно оно способно обеспечить высокую степень единства человечества.

Мир достигается объединением ради одной общей цели, а не рациональным подходом к распределению ресурсов. Такое сотрудничество и объединение возникают тогда, когда у нас есть единая общая система, – и мы перестаём воевать друг с другом именно потому, что ощущаем связь между собой. Когда я ощущаю себя частью целого, то меня заботит не только моя личная выгода, но и то хорошее, что получает сосед, ведь мы с ним – одно целое[2].

Поэтому, например, мы – в нормальной ситуации – не ведем войн внутри собственного народа или семьи: ощущая единство, близость с ними, мы радуемся и когда не мы сами, а кто-то другой из близких достигает успеха, получает что-то положительное. Аналогично мы ощущаем своей боль своих близких, части народа. Поэтому семья или народ, добровольно производя в своей среде некоторое перераспределение ресурсов, согласны «поделиться успехом», чтобы помочь более слабому успешно жить вместе с более сильными. Это не отменяет конкуренции, соревнования и борьбы за ресурсы внутри народа, но используются при этом мирные методы, а не война.

Поддерживать мир между людьми можно только на базе чувства единства. Пока не достигнуто единение всего человечества «ради Небес», которое и есть чувство общей цели, смысла, задачи, чувство не только общей судьбы, хотя и это уже немало, но и общей миссии, – до тех пор войны не прекратятся.

Такое единение возникает в ходе мессианского процесса. Пророк Захария (8:22) говорит, что в мессианские времена все народы приходят в общий для них Иерусалимский Храм, и все следуют Божественному Учению. Традиция описывает, что все народы примут на себя соблюдение Божественных заповедей, включая запрет насилия и грабежа, осуждение жестокости и требование судебной справедливости; произойдет глубокое усвоение религиозно-нравственных норм. Таким образом, достижение мира напрямую связано с мессианским процессом, который ведет к духовному единству человечества. Именно поэтому в книге Исайи период прихода Мессии описан как установление мира: «перекуют мечи на орала».

Пока в человечестве нет этого «единства ради Небес» и духовного ощущения себя единой структурой – достигнуть мира с помощью разговоров о социальном сотрудничестве невозможно. Это не значит, что сама идея социального сотрудничества неправильна – она вносит свой вклад, с ее помощью тоже можно выиграть период спокойного и тихого времени, но это будет только временное перемирие, а не мир. Конечно, временное перемирие тоже хорошо, и чем оно дольше, тем лучше, – но сосредоточившись исключительно на сохранении перемирия, заметая проблемы истинного мира под ковер, мы легко можем получить впоследствии ещё более тяжелую войну.

На сегодняшний момент человечество достигло стадии, когда нас может привести к миру только мессианский процесс, объединяющий человечество. Рав Кук видел в этом связь между начинающейся Мировой войной, как свидетельством провала христианства на «выпускном экзамене» – и созданием Израиля, как следующей стадией духовного развития мира. Падение Европы в Мировых войнах XX века состоит не только и не столько в материальных потерях, сколь в утрате авторитета европейской цивилизации. Европа перестала выдвигать новые духовные идеи и ценности, было подорвано представление о ее ведущей роли.

Такой процесс разрушения необратим. Идея о «мире на основе социального сотрудничества» оказалась неосуществимой, и параллельно с провалом Европы произошел рассвет Государства Израиль. Для достижения мира нужен новый духовный импульс, и именно его принесет Израиль.

Мы начали это обсуждение с того, что слова «творящий мир на высотах Своих, Он сотворит мир для нас» – имеют пессимистическую коннотацию. Однако не следует воспринимать их только в смысле: «мы сами не можем установить мир, мы можем только ждать чтобы Бог даровал нам его Свыше». Эти слова говорят нам еще и о том, что настоящий мир достижим только присоединением к равновесию высших сфер, а не социальными соглашениями.

D. Война и приближение к Мессианскому Избавлению

11. «Мы оставили мировую политику по принуждению, внутри которого было также и внутреннее желание»

На различных этапах еврейской истории война занимала совершенно разное место. В периоды независимости, в библейские времена и эпоху Хасмонейского царства, евреи вели много войн, – но потеряв государство и уйдя в изгнание, мы практически престали воевать. К сожалению, прекращение войны с нашей стороны отнюдь не означало, что со стороны наших врагов прекратились нападения – мы подвергались преследованиям, но не могли ответить. Мы стали не субъектом, а объектом мировой политики. Не имея выбора, в изгнании мы были вынуждены прекратить воевать.

Двухтысячелетнее изгнание было огромной трагедией еврейского народа. Однако сам наш уход в изгнание – вопрос совсем не такой простой. Рав Кук пишет об этом (Орот, Милхама, 1:3):

Мы оставили мировую политику по принуждению, внутри которого было также и внутреннее желание...

Мы были принуждены к изгнанию – поскольку сами, на сознательном уровне, не собирались оставлять мировую политику и уничтожать свое государство. Но в глубине души, мы были довольны, что римляне нас завоевали.

Это поразительное высказывание! Более того, оно ужасно: ведь цена, которую мы заплатили за уход из политики – двухтысячелетнее изгнание, преследования, гибель миллионов – кошмарна. Но видимо, здесь кроется важнейшее зерно истины, в которой мы сами себе боимся признаться.

В Талмуде рассказывается, что за сорок лет до разрушения Храма Санhедрин перестал заседать в «Палате из тесаных камней» и перешел на новое место в двухстах метрах от нее. Это было сделано не по чьей-то просьбе или указу – но самостоятельно, и только для создания самоограничения судебной власти. Пока Санhедрин заседает в Палате из тесаных камней, он может принимать постановления о смертной казни, решать вопросы жизни и смерти. Переходя в другое место он уже не может этого делать. Почему же они так поступили? Талмуд говорит, что в ту пору в народе Израиля было много кровопролития, мудрецы не хотели выносить такое количество смертных приговоров и предпочли сами понизить свой статус, переведя собрания в место, где они лишены права приговаривать к смерти. Но кто же будет судить и наказывать преступников? Нельзя же оставлять мир в руках разбойников! Не стоит волноваться:

есть римляне, они знают свою работу, умеют наводить порядок, можно положиться на них. Они знают, как убивать, – так пусть они это и делают, а мы останемся гуманистами с чистыми руками...

Народ Израиля как единое целое в лице своих мудрецов пришел к страху кровопролития. Это стало последней ступенькой на пути к потере государства.

12. Благодаря распространению гуманистических идей возникла возможность восстановления еврейского государства

Рав Кук связывает возможность восстановления еврейского государства с распространением в мире либеральных и гуманистических идей. Он продолжает:

> Мы оставили мировую политику по принуждению, внутри которого было также и внутреннее желание – переждать, пока не наступит счастливое время, когда станет возможным управлять страной без злодеяний и варварства.
>
> Мы ждем наступления этого времени. Но для того, чтобы это осуществилось – нам сегодня необходимо пробудить все наши силы, активно использовать все средства, которые наша эпоха предоставляет нам. И всем управляет рука Господа, Творца миров.
>
> Однако и это долгое время ожидания и отстранения тоже было необходимым. Больна наша душа от ужасных злодеяний, связанных с управлением государством в дурную эпоху.
>
> Но вот в наше время наступает срок, и мир становится утонченнее, – поэтому и мы можем уже подготовить себя к возрождению нашего государства, поскольку станет возможным управлять страной нашей на осно-

вании добра, мудрости, прямоты и ясного Божественного света.

Что заставило рава Кука написать эти слова о возможности управлять государством на основе добра? Видимо, рав подразумевает распространение либеральных и гуманистических идей. После французской революции все потомки Эдома (народы Европы) услышали весть о том, что мир основан на свободе, равенстве и братстве. Факт, что об этом говорят даже потомки Эдома – является знаком серьезных перемен в мире.

Тора приводит слова Яакова к Эсаву «Пройди, мой господин, перед рабом твоим» (Быт. 33:14) – и мидраш толкует, что Яаков [назвав Эсава господином и предложив ему пройти первым] **отослал Эсаву порфиру** [знак царской власти], **отказался от нее. Потому что не стоит Яакову участвовать в управлении государством в эпоху благоденствия злодеев, пока оно связано с огромным кровопролитием,**

Порфира – царская одежда, Яаков отказался от государственной власти, передал ее Эсаву: Риму и народам Европы, поскольку праведное управление государством было невозможно в ту эпоху.

Из нашей государственной жизни в древности мы получили только минимум, самое необходимое, – для того, чтобы основать народ. А поскольку еврейский народ тогда сформировался, то после этого мы оставили царствование и были разбросаны среди народов, посеяны в глубинах земли. И так будет до тех пор, пока «время пения настанет, и голос горлицы послышится в Стране нашей» (Песнь Песней, 2:12).

Таким образом, в древности падение еврейского государства произошло не только потому, что у нас не хватило сил бороться с Римом – но еще и потому, что нам внутренне расхотелось иметь государство. Этот глубинный отказ от государства определил в конечном итоге наш проигрыш в войне. Рав Кук говорит, что причиной стало наше нежелания вести государственные дела в условиях того времени.

Отметим, что такое представление о древней истории Израиля является совершенно неожиданным, – оно не только не соответствует представлениям светской исторической науки, но и полностью противоречит стандартному еврейскому религиозному пониманию, полагающему что «в древности все было замечательно и хорошо, давайте к этому вернемся!»

Очень часто слова нашей молитвы «обнови дни наши как прежде» неправильно интерпретируются как стремление вернуться к прошлому. Но в молитве сказано не «верни», а «обнови» – т.е. «построй по-новому, опираясь на прошлое», а совсем не «верни к прошлому».

Рав Кук дает нам совершенно новую перспективу. Согласно его концепции, вся наша история в древности была нужна только для того, чтобы заложить основу народа, чтобы мы не погибли в дальнейшем, пока будем рассеяны среди народов, чтобы у нас был прочный фундамент, на котором впоследствии можно будет строить национальный дом. Но построить такой дом мы сможем только в новую эпоху, когда народы мира дойдут до управления государством без злодейства.

Вся наша древняя история – библейский период, Второй Храм, все наши достижения древности – были только основанием фундамента, чтобы придать нам силы, чтобы мы не исчезли как народ во время рассеяния. Тогда же мы передали человечеству некоторый начальный уровень Божественного света: этический монотеизм, Библейский текст, представление о заповедях и т.д. Будучи рассеянными мы ждали пока человечество воспримет этот уровень, переварит первую порцию Божественного света. Лишь после этого мы можем вернуться и по-настоящему строить наше государство, которое будет светочем народов мира. И придёт время заняться настоящей работой – после подготовки, длившейся 3,500 лет.

13. Война и прогресс человечества

Несмотря на весь ужас и кошмар, войны продвигают человечество к Избавлению.

Рав Кук говорит об этом (Орот, Милхама 1:6):

Все народы развиваются через то, что они проявляют себя в своих естественных движениях. И в этом аспекте война – интегральная часть жизни. Войны, которые ведут народы – выявляют особый характер и ценность каждого народа, пока не сформируется его образ во всех подробностях, во всей глубине.

Войны, которые прошел народ, накладывают отпечаток на его характер, формируют его, а также проявляют его ценность, значение это народа для истории и развития человечества.

Израиль это зеркало всего мира. И пока есть народ в мире, который еще не проявился во всей своей особенности – есть замутнение в зеркале Общности Израиля.

Пока есть народы, не проявивший до сих пор своей специфики – это замутняет наше понимание общей картины.

Поэтому все время, пока царства воюют друг с другом, проявляются особые очертания, необходимые для совершенствования народов. От этого рождается совершенная сила в Общности Израиля, ожидающего приход Машиаха, – чтобы он пришел и появился в скором времени, в наши дни.

Об этом говорится и в Талмуде: «когда видишь, как царства объявляют друг другу войну (конечно, речь идет о больших войнах), – усиливай ожидание прихода Мессии».

Иными словами: пока человечество не пройдет через весь необходимый этап войн – достигнуть мессианской эпохи невозможно. Это, прежде всего, относится к великим войнам, когда воюют не просто народы, а сталкиваются идеи, культуры, цивилизации. К приходу Мессии каждый народ должен сформироваться, а его формирование связано с войнами, которые он ведет. Избежать или обойти это невозможно.

Аналогично экономические кризисы необходимы для развития и очищения экономики, несмотря на все связанные с кризисами страдания. Попытка избежать кризиса приводит только к ухудшению ситуации: если «смазать кризис», не «проработать его», то в следующем кризисе все будет еще серьезнее и хуже. Точно так же, не проведя войну вовремя, когда она необходима, – мы получим еще большую войну на следующем этапе.

Когда приходит время войны – ее нужно вести, а не убегать от нее. Попытка увернуться ведет в дальнейшем лишь к следующей войне, в Израиле мы это видим очень ясно. И это верно не только для Израиля, – но в мире есть войны, которые должны произойти. Несмотря на весь ужас и трагизм, мир так устроен.

14. Бог использует для продвижения мира те средства, которые выбирают сами люди

Мы должны еще раз подчеркнуть, что приведенный анализ вовсе не является «оправданием войн» – точно также как, например, понимание, что смерть людей приводит к смене поколения, без которого не было бы никакого духовного прогресса, вовсе не является оправданием смерти. Разумеется, война (как и смерть) это зло, – но речь идет не об оправдании зла, а о понимании его смысла. Взрослое, а не инфантильное отношение к миру включает в себя осознание смысла даже тех явлений, которые нам не нравятся. Обсуждая существование зла в мире и понимая его необходимость, мы отнюдь не оправдываем само это зло. Но отказавшись от этого обсуждения, мы перестанем понимать зло и не сможем ему эффективно противодействовать или хотя бы уменьшить его масштабы. Тот, кто не хочет понимать смысл зла – способствует приходу в мир еще большего зла.

Можно ли обойтись вообще без войн, без насилия, без убийств? Что было бы, если бы Каин не убил Авеля? Возможно, тогда история человечества шла бы без войн. Но Каин совершил убийство, и история с самых давних пор развивается при помощи войны. Вместо отрицания этой реальности нам нужно понять ее.

Начиная с Каина, люди – а не Бог – выбрали управлять миром с помощью войн. Бог же, для продвижения мира к Его цели, пользуется теми средствами, которые люди выбирают, находит применение войнам. Бог продвигает мир даже и через зло, творящееся в мире.

Вспоминая упомянутый нами в начале обсуждения «диалог Европейца и Каннибала»: если уж убийство людей неизбежно, то надо в духовном плане «съесть» их, т.е. понять в чем был смысл войны, чтобы эта гибель была не напрасной.

15. Достижение еврейского идеала мира требует времени

Состояния мира во всем мире это и есть приход Мессии, поэтому настоящее продвижение в этом направлении возможно только в рамках мессианского процесса.

С другой стороны, желание достичь мира немедленно, «Мир сегодня» («Шалом ахшав») – имеет такую же природу, что и «хотим Мессию сегодня». Желание немедленного мира является, по сути дела, лжемессианством, попыткой привнести мессианскую идею в ситуацию, не готовую для этого – что только вредит ей. Однако на духовном уровне такое стремление – необходимый компонент развития и продвижения.

Жажда мира является необходимой частью мессианского процесса, – но она лишь одна из его составляющих! Зачастую те или иные люди склонны испытывать тягу к отдельным компонентам мессианского процесса, что приводит к дисбалансу системы, когда некий фактор объявляется «самым главным» и его начинают продвигать, отрицая остальные стороны. В результате все здание грозит развалиться.

Источник всех видов лжемессианства – сильная жажда проявления Света Мессии; но человек склонен тянуться к тому аспекту мессианского времени, который ближе его душе, и поэтому он представляет себе этот свет однобоко.

Соответственно, наша работа должна быть направлена не на подавление каких-то нежелательных нам элементов мессианского процесса, а на их интегрирование в общую канву событий, уравновешивание с другими аспектами. Т.е. правильной борьбой с лжемессианством является не подавление провозглашаемых им идеалов – но выделение «искр», элементов истины из данного течения и сведение этих искр в единую систему с такими же фрагментами других аналогичных процессов (а эти элементы в разных течениях всегда различны). Тогда все элементы будут действовать согласованно и уравновешенно, не в ущерб друг другу.

Е. Метафизическое влияние войны

16. Утверждение Декларации Бальфура и вмешательство Провидения

Когда в 1917 г. войска Англии, тесня турецкую армию, приближались к Палестине со стороны Египта, в британском парламенте встал вопрос об официальном голосовании за Декларацию Бальфура, поддерживающую идею создания национального очага для еврейского народа в Стране Израиля. В это время рав

Кук жил в Лондоне (куда он переехал в 1916 г. из Швейцарии, где находился с начала войны), исполняя обязанности раввина в одной из лондонских еврейских общин на то время, пока не окончится война и он не сможет вернуться в Страну Израиля к исполнению своей должности раввина Яффо.

Некоторые ассимилированные евреи Англии – одним из них, например, был лорд Эдвин Самуэль Монтегю – были против идеи Декларации Бальфура. Они утверждали, что иудаизм это только религия, а евреи это религиозная группа, а не народ, и поэтому им не только не нужно свое государство, но и идея его провозглашения вредна для них, подрывает их статус как добропорядочных граждан своих стран. Также активно противились Декларации Бальфура некоторые антисионистски настроенные раввины из Германии, которые даже хотели специально приехать в Лондон чтобы выступить против сионизма.

В этой ситуации рав Кук активно выступил в поддержку Декларации, – объясняя, что евреи это именно народ, Страна Израиля была силой захвачена у нас, и мы хотим вернуть ее. Однако численное превосходство было у антисионистских раввинов, и казалось, что для британского парламента, не разбирающегося в тонкостях иудаизма, это может стать доводом против Декларации.

И вдруг неожиданно в эту игру вступила политика войны. Поскольку в Первой мировой страны Антанты (Англия, Франция, Россия) выступали против стран Тройственного союза (Германии, Австрии и Турции) – то антисионистским раввинам из Германии не дали выступить, поскольку они были гражданами враждебного государства. К позиции рава Кука, наоборот, прислушались, поскольку юридически он оставался подданным Российской Империи, союзницы Англии.

Это не было единственным доводы. Лорд Бальфур и немало британских христиан поддерживали создание еврейского государства не только по политическим, но и по религиозным причинам, т.к. они были «христианскими сионистами». Во время обсуждения этого вопроса в парламенте Бальфур заявил: «кому я должен больше верить в том, что касается сущности иудаизма – ассимилированному еврею лорду Монтегю, или религиозному авторитету раввину Куку!?» Однако при этом военный довод о «подданом дружественной державы» тоже сыграл свою важную роль.

Эта история являет собой пример Божественного Провидения, которое устраивает ход вещей так, что критически важными становятся моменты, представляющиеся нам совершенно случайными. И война между мировыми царствами играет здесь далеко не последнюю роль.

17. Война пробуждает жажду к скрытому источнику жизни

Вернемся к происходящим во время войны духовным процессам. Рассмотрим отрывок из книги «Рейш Милин» (буквально «начала слов», т.е. «очень краткие высказывания, духовные аббревиатуры») – книги исключительно каббалистического характера о толковании букв и огласовок, которая была составлена р. Куком в Лондоне в 1917 году, когда он, прогуливаясь в Гайд-парке, записывал некоторые каббалистические откровения.

По словам самого р. Кука, именно война заставила его сделать все эти записи. Откровения пришли к нему как ответ на происходящие в мире события: общая атмосфера близящейся развязки войны, резкие перемены в государственных устройствах мировых держав, распад империй и создание новых государств, и особенно принятие декларации Бальфура, которую рав Кук считал важнейшим следствием войны.

И он говорит:

Когда мировой процесс идет как обычно, когда нет смут и беспорядков в жизни – то в такие времена высшие идеалы человека могут питаться от созерцания движе-

ний обычной жизни общества, от ее историй и учений, – поскольку в них смысл всей открытой мудрости. И внутреннее богатство человека сможет быть основано на этом достоянии.

Но это совсем не так в те времена, когда идет война – и мир падает в яму, полную тьмы, злодеяний и хаоса.

В такие времена обычный мир колеблется, сбивается его порядок. И если человек в такой ситуации получал бы питание для духовной жизни только из открытой стороны сокровищницы духа, – то ужасная бедность постигла бы его, лишила бы его чистосердечия и прямоты.

И поэтому в такие периоды – для того, чтобы поддержать человека, – приходит время пламенеющей жажды к сокрытому смыслу, к внутреннему видению, вознесенному над областью явленного в жизни и не затронутому идущей вокруг мировой смутой.

И человек, ликуя, черпает воду от этого источника жизни; она увлажняет его сухие кости открытой духовности, которая оказывается в положении весьма пораженном, ввиду ударов сбившейся жизни...

От понимания этого возникла для меня необходимость написать эти строчки, набросать мысли, связанные с толкованиями букв – именно в это время («Рейш Милин», Дополнения, 1).

Во время войны привычные схемы духовных процессов ломаются, и возникает необходимость в более высоком содержании, чтобы склеить разбившиеся сосуды «стандартного подхода к духовности».

Война обнаруживает поверхностность, недостаточность идеалов повседневности, это такое время, когда не только отдельные выдающиеся личности, но и многие простые люди задаются непривычными вопросами и начинают поиск идеалов, о которых не задумывались ранее. Война не дает возможности отсидеться в нашем тесном духовном мирке, она вынуждает к поиску. Обывательская жизнь разрушается войной и с необходимостью происходит прорыв.

Для реализации этого необходимого миру духовного прорыва непременно требуется разрушение обыденности. Именно в этой глубокой и зачастую не высказанной явно потребности мира и кроется духовный источник революций и потрясений, в том числе войн.

На определенной стадии развития общества человек не может больше жить стандартными обывательскими ценностями, даже в самом лучшем их смысле. Война обнажает факт их недостаточности для жизни. И тогда стандартная шкала духовных ценностей – открытая, регулярная, системная, правильная и упорядоченная – получает мощный импульс жизни от шкалы альтернативной, скрытой, прорывающейся, анархической и хаотической.

18. На вызов войны откликаются великие души

Война очень сильно влияет на духовное состояние народа, и особенно война в Стране Израиля.

Рав Кук говорит об этом (Орот, Милхама, 1:2):

> **Когда мы читаем в Писании о поколениях древности, которые воевали ради еврейского народа, – они-то и были теми великими, к которым мы относимся с любовью, почитаем их святость, и понимаем величие их души.**

Обычно мы считаем, что святой, человек праведности, и солдат, человек войны – два совершенно разных, несовместимых типа людей. Как может святой и возвышенный человек быть одновременно хорошим солдатом? Но Писание дает нам образы именно таких людей. А для этого нужна особенная душа.

Когда вызов, который жизнь бросает нам, это вызов незначительный – например, позаботиться о том, чтобы йогурт на нашем столе был кошерным, – то средняя и даже относительно невысокая душа может принять этот вызов и успешно справиться с задачей. Но когда этот вызов велик, когда речь идет о судьбе народа и государства, когда это вызов войны – то справиться с ним, найти на него адекватный религиозно-духовный ответ могут только великие души.

Сионизм, необходимость взять на себя ответственность за судьбу народа, построение государства – были таким вызовом. И те души, которые пошли строить Страну – были весьма высокого уровня (даже если эти люди не соблюдали некоторые заповеди).

Следующее кардинальное изменение нашей жизни произошло в результате Шестидневной войны 1967 г. – когда мы вернулись к историческому и библейскому ядру Страны Израиля. Владение этим центром Страны бросает нам вызов еще более высокого уровня, чем первоначальное создание и удержание Государства (многие связанные с ним проблемы, как, например, полноценное владение этими территориями на политическом уровне, до сих пор не решены нами) – поэтому требования к уровню душ еще больше возросли.

В Талмуде и в книге Zohar сказано: «поклялся Всевышний, что Он не войдет в Высший (Небесный) Иерусалим – пока не войдет Израиль в Нижний Иерусалим, на земле». Что же такое Небесный Иерусалим? Мудрецы каббалы говорят, что это сокровищница великих душ. Эти души не могут спуститься в мир и родиться, пока Израиль не владеет Нижним Иерусалимом. Рав Меир Иеhуда Гец[3], главный рав Котеля и выдающийся каббалист, сказал, что среди рожденных после Шестидневной войны (т.е. после того, как Израиль вошел в Нижний Иерусалим), есть те самые великие души. И поэтому их духовные постижения выше постижений прежних поколений. Есть вещи, которые это поколение в целом понимает лучше предыдущих.

Для великих людей Писания те войны, которые они вели за собственное существование, за существование народа, – осознавались ими как войны Бога. И эта необходимость воевать за Божественные ценности привела к появлению великих душ, наполненных совершенным содержанием.

Они были сильны духом и знали, каким образом даже тогда, когда ты идешь во тьме – суметь выбирать добро и уклонятся от зла, подобно сказанному в Псалмах: «Даже если пойду по долине смертной тени – не устрашусь зла».

Когда приходится вести войну, то очень важно не только победить, но и самому не испортиться от вынужденного насилия и жестокости. Стих из Псалма «Даже если пойду по долине смертной тени – не устрашусь зла» означает также: «даже если мне придется проходить через зло, – я не буду бояться заразиться злом». В частности, не устрашусь стать хуже оттого, что мне приходится воевать.

Надо понять, что одна из важнейших деталей, из-за которой многие боятся войны, состоит даже не в опасности для своей жизни, – но в понимании того, что они сами стали бы хуже, если бы воевали. Они уверены, что и другие люди тоже станут хуже от того, что будут воевать. В этом одна из причин пацифизма: человек не хочет войны, чтобы люди не становились хуже.

На самом же деле есть те, кто не становится хуже от участия в войне: у них другой масштаб личности.

Когда мы всматриваемся в них, нас поражает проявление в них духа, к которому мы все стремимся, их мощь, сила их жизненности благой и прочной, их крепость.

От стремления к этой силе укрепляется также и наш дух, и возвышается мужество, и те души возвращаются и живут в нас, как жили прежде.

Неслучайно активное изучение Танаха началось именно в процессе сионистского движения. Поколение создателей Государства Израиль, и тем более наше поколение, которому приходится отвечать на вызовы гораздо более серьезные, чем были до него – удостаивается прихода этих великих душ, и мы чувствуем наше родство с героями Танаха.

ПРИМЕЧАНИЯ

1   Санхерив (Синаххериб) - царь Ассирии, вторгшийся в Иудею в 701 г. до н.э. См. Книгу Царей, II, гл. 18. Навуходоносор - царь Вавилона, разрушивший Первый Храм в 586 г. до н. э. См. Книгу Царей, II, гл. 24.

2   Идея «мир как следствие религиозного единства» не является новой или исключительно еврейской - ислам, например, также считает, что мир между людьми установится когда наступит внутреннее религиозное единство. Тогда внутри ислама будет мир, война же будет идти только на границах, а завоевав всех можно получить и мир во всем мире. Однако на практике такой исламский подход не работает: мы видим, что войны между исламскими государствами были в прошлом и продолжаются сегодня. Причина этой неудачи установления идеала - в склонности ислама к излишней тотальности, к тому чтобы сделать всех одинаковыми. В результате какая-то часть общества непременно подавляется и вместо чувства единства нарастает напряжение, выливающееся в войну. Еврейская же концепция отличается от исламской прежде всего пониманием важности разнообразия: мира действительно можно достичь только при религиозном объединении всего человечества и в рамках связи с Небом («мир ради Небес») - но при этом не просто допуская различия, но и понимая их религиозную необходимость.

3   Рав Меир Иеһуда Гец (1924 – 1995) начиная с 1968 году был раввином Стены Плача и других святых мест вокруг Храмовой горы.

Глава 13. ДЕНЬ ИЕРУСАЛИМА – САМЫЙ НОВЫЙ ПРАЗДНИК ИУДАИЗМА

А. Дата 28 ияра – события этого дня в течение истории

1. Проблематичность празднования Дня Иерусалима

Основанием для выбора 28 ияра как даты празднования Дня Иерусалима послужил день освобождения Иерусалима Армией обороны Израиля в ходе Шестидневной Войны.

Согласно плану ООН о разделе Страны, Иерусалим должен был быть выделен в отдельную территорию под международным контролем, но этого плана никто не принял. В войну за Независимость Израиль не смог захватить Иерусалим целиком, и в 1948-1967 годах город был разделен: западная часть (Новый город) относилась к Израилю, а восточная (включая Старый город) была в руках арабов. Так возникло понятие «Восточный Иерусалим» – понятие не географически-историческое, но лишь политическое, которое означает те части Иерусалима, которые были захвачены Иорданией в 1948 г. и отвоеванные Израилем в 1967 г.

День Иерусалима – самый новый и поэтому самый спорный праздник в еврейском календаре. Классические еврейские праздники (праздники из Торы, Ханука, Пурим) имеют многотысячелетнюю историю, но День Независимости и День Иерусалима появились совсем недавно. И если по поводу Дня Независимости особых конфликтов в обществе нет (кто-то считает его религиозным праздником, кто-то не религиозным, харедим не празднуют его, но также обычно, за исключением маргинальных групп Нетурей Карта и Сатмарских хасидов, и не выступают против) – то по поводу Дня Иерусалима в еврейском обществе наблюдается глубокий раскол. Для израильского правого лагеря этот день символизирует собой освобождение исконных еврейских территорий и восстановление Библейских границ государства (или приближения к ним), а для левого – день оккупации арабских территорий, которые нужно как можно скорее вернуть. Поэтому, несмотря на официальное признание Дня Иерусалима как государственного праздника, утвержденного Кнессетом, – у него есть отчетливая правая коннотация, и некоторые даже называют его секторальным праздником.

Поэтому сегодня нельзя сказать, что «День Иерусалима объединяет народ» – скорее он его даже разъединяет.

Нам представляется ошибочным думать, что народ всегда нужно объединять – в определенных ситуациях нет ничего плохого в разделении, без которого не будет никакого движения. Важно подчеркнуть, что в данном случае разделенность еврейского народа завязана на Иерусалиме, и это, конечно же, не случайно. Иерусалим – это такой специфический город, которому по сути своей свойственно быть разделенным, разделенность является частью его природы.

Мы глубже поймем источник этой разделенность если обратимся к дате, на которую установлен этот день – 28 ияра. Что такого особенного в этой дате? Почему захват Иерусалима пришелся на этот день? Почему именно он должен был стать Днем Иерусалима?

Если посмотреть на это нерелигиозным взглядом, – то просто так получилось, что была Шестидневная война, и в этот день был захвачен Иерусалим, и дата эта совершенно случайна. Но, покопавшись, можно обнаружить поразительные вещи: оказывается, эта дата не такая уж случайная.

2. День приезда р. Кука в Страну Израиля

За много лет до шестидневной войны в Иерусалиме была одна семья, которая в течение 63 лет праздновала 28 ияра как семейный праздник. Это была семья рава Кука. В этот день в 1904 году рав А.И.Кук приехал в Страну Израиля. Рав Кук пишет в одном из писем: «прошел над нами великий и пугающий день 28 ияра». Т.е. он понимал смысл этого дня, какова его роль в процессе раскрытия Избавления. И он знал, что это не просто стечение обстоятельств, что его приезд пришелся на 28 ияра.

Был другой еврей – Любавический ребе, р. Менахем Мендл Шнеерсон, который всю жизнь праздновал 28 сивана, тот день, когда он приехал в Америку. Этим он хотел подчеркнуть, что осознает свой приезд в Америку как миссию, он прибыл туда для организации движения Хабад, призванного осветить «сумеречную часть земного шара», находящуюся с противоположной стороны от Страны Израиля, показать что свет Торы есть также и в Америке.

Отметим, что тут просматривается очевидная и значимая символика. Сиван – месяц дарования Торы. Ияр – месяц национального успеха[1]. Для Любавического Ребе центральным было изучение Торы. Для р. Кука – национальный успех еврейского народа.

Но почему рав Кук приехал в Эрец Исраэль именно 28 ияра? Это, разумеется, тоже неслучайно.

3. День смерти пророка Шмуэля

В 1488 г. раби Овадья из Бертанура (Италия) переехал жить в Иерусалим – и описал увиденное в Стране Израиля в те дни.

Он рассказывает, что 28 ияра тысячи евреев со всей страны в приходили Иерусалим, отмечая день кончины («hилула»)[2] пророка Шмуэля (Самуила), и поднимаясь для молитвы на его могиле (могила Шмуэля – это «Наби Самуэль», чуть севернее Иерусалима). Таким образом, у нас есть традиция отмечать 28 ияра как день памяти Шмуэля – пророка, вся жизнь которого была неразрывно связана с Иерусалимом.

Хотя сам пророк Шмуэль не жил в Иерусалиме (в его дни город еще не был завоеван) – он помазал на царство двух царей, Шауля (Саула) и Давида – а Иерусалим это прежде всего город царства. Традиция также сообщает, что именно Шмуэль (вместе с царем Давидом) установил будущий порядок служения в Иерусалимском Храме.

Рабби Иеhуда hа-Леви в книге «Кузари» пишет, что пророк всегда выбирает, в какой день ему умереть. Конечно, человек такого уровня как Шмуэль, о котором сказано в Псалмах (99:6) что он «как Моисей и Аарон вместе», ничего не делает случайно, и его смерть в этот день имеет смысл. Так почему же пророк Шмуэль выбрал дату 28 ияра, чтобы уйти из мира? Возможно, одной из причин и смыслом выбора является победа в этот день Израиля, над Амалеком: ведь война с Амалеком была особенно важна для Шмуэля[3].

4. День победы над Амалеком

Анализируя хронологию, приведенную в книге Исход (гл.16) мы видим, что день победы над Амалеком пришелся именно на 28 ияра.

Тора (Исх. 16:1) дает нам точку отсчета – 15 ияра, которая позволяет восстановить хронологию событий.

И отправились в путь из Элим, и пришли они, вся община сынов Израиля, в пустыню Син, которая между Элим и Синаем, в пятнадцатый день второго месяца после их исхода из земли Египетской.

На следующий день (16 ияра) падает манна. Она падает 6 дней, в седьмой перестает. Все это происходит на той же стоянке, в пустыне Син. Таким образом, 22 ияра – первая суббота, которую соблюдали Сыновья Израиля в истории. После этого они продолжают переход.

И отправилась в путь вся община сынов Израиля из пустыни Син своими переходами по слову Господа; и расположились они станом в Рефидим.

Количество этих «переходов по слову Господа» между пустыней Син и Рефидим мы можем уточнить на основании написанного в книге Чисел (33:12):

И двинулись из пустыни Син, и расположились в Дофке. И двинулись из Дофки, и расположились в Алуше. И двинулись из Алуша, и расположились в Рефидиме.

«Расположились» – это не просто ночевка, но день стоянки. Т.е. они вышли из пустыни Син в Дофку 23 ияра, 24 ияра стоянка в Дофке, 25 переход из Дофки в Алушу, 26 стоянка в Алуше. 27 переход из Алуша в Рефидим, когда приходит Амалек (Исх. 16:8):

И пришел Амалек, и воевал с Израилем в Рефидим. И сказал Моше Йеhошуа: Выбери нам мужей и выйди, сразись с Амалеком. Завтра я стану на вершине холма, и посох Божий — в моей руке.

Завтра, т.е. 28 ияра. Таким образом, 28 ияра – это дата первой войны и военной победы народа Израиля[4]. Именно после этой победы Израиль ощутил себя полноценным, самостоятельным народом, что было важнейшим рубежом на пути к получению Торы.

Таким образом, на дату 28 ияра приходится явная, проходящая сквозь много веков, линия еврейской государственности: В Торе это победа над Амалеком, далее день памяти пророка Шмуэля, в нашу эпоху в этот день рав Кук вернулся в Страну Израиля, а позже армия Израиля освободила Старый город Иерусалима.

B. Сущность Иерусалима

5. Три столицы народа Израиля

У народа Израиля есть три столицы: Хеврон, Шхем и Иерусалим.

Хеврон и Шхем – это «внутренние столицы Страны», центр жизни ее отдельных частей.

Хеврон – это столица южных колен, Иудеи, там же находятся могилы Праотцев. Название Хеврон происходит от *хибур*, «соединять», и он соединяет еврейский народ с его источником – Праотцами, Божественным обетованием.

Шхем – столица северных колен, Эфраима, там находится гробница Иосифа, умевшего управлять материальным миром, это город связанный с материальным развитием, с освоением Страны.

Иерусалим же находится посредине, на границе между северными и южными коленами, объединяя их. И это «внешняя столица Израиля», обращенная вовне, ко всему миру. И поэтому именно из Иерусалима Божественное Учение передается человечеству.

Иерусалим находится на северной границе надела Иеhуды[5], колена царства. Но Храмовая Гора – уже в наделе колена Биньямина, объединяющего все колена в единый народ. Биньямин – это сын Рахели, брат Иосифа, но при этом он неразрывно связан с Иеhудой, который поручился за него их отцу Яакову[6]. Эта возникшая связь со временем оказывается сильнее исходной, т.е. Биньямин в ходе истории оказался сильнее связан с Иеhудой, чем с Иосифом. При разделе на Северное и Южное Царства колено Биньямина осталось в Южном Царстве вместе с Иеhудой, так что граница между царствами прошла между Биньямином и Эфраимом.

Иерусалим должен быть в наделе Иеһуды, поскольку это город царства, а царство принадлежит Иеһуде. Храм же должен располагаться в уделе Биньямина, поскольку он единственный из братьев, не участвовавший в продаже Иосифа, и лишь он может создать гармонию связи между всеми коленами.

6. «Ибо из Сиона выйдет Тора…»

Знаменитый стих из пророка Исайи (2:3) гласит: *«Ибо из Сиона выйдет Тора, и слово Бога – из Иерусалима».*

Божественное слово из Иерусалима дается не только для евреев, но также – и даже прежде всего! – для народов мира. Евреи получили Тору на Синае – но народы мира не смогли получить ее там, для них Учение Бога исходит из Иерусалима. Этот город обладает уникальным свойством: отсюда возможно влияние на человечество.

Хеврон и Шхем – внутренние столицы, которые нужны отдельным коленам для реализации своего потенциала, в то время как Иерусалим – это объединенная столица, которая работает «вовне», для человечества. Для того, чтобы говорить с человечеством, нужно соединение Южного и Северного царств, Иеһуды и Иосифа. Когда между ними конфликт – человечество нас не слышит.

С двойственностью Иерусалима связана и его разделенность на протяжении почти всей его истории. Иерусалиму свойственно быть разделенным именно потому, что он воплощает соединение противоположностей, которым сложно соединиться.

Мидраш говорит, что на горе Синай Бог предложил Тору всем народам, но все они отказались, а получить Тору согласились только евреи, проявив тем самым важнейшее свойство еврейского народа – способность услышать Тору с Неба. Другие народы не могут получить ее непосредственно с Неба. Но ведь

Тора дана для всего человечества, и они тоже должны как-то получить ее. И поэтому евреи взяли Тору на Синае и пришли вместе с ней в Сион, Иерусалим, построили еврейское государство и стали «обживать» Тору на земле. К небесной Торе еврейский народ добавил свои земные переживания, рассказ о том, как он пытался реализовать написанное в ней. Мы преобразовали Тору в Танах – после чего народы мира оказались способны перенять Учение. Через еврейскую историю Тора перерабатывается и становится более земной, более человеческой, так чтобы человечество смогло ее воспринять.

Роль Иерусалима – быть центром соединения божественного и человеческого. Синай дает Божественное, Небесное, но на Синае люди пассивны, они только получают. А в Сионе люди активны, и через эту активность Тора становится действенной.

Поэтому святость Иерусалима для «дочерних религий» иудаизма, т.е. для христианства и ислама (для христианства так сложилось с древности, для ислама это формируется в наши дни) – очень важный элемент, через который все человечество осознает важность Иерусалима для своей религиозной жизни. И как бы нам это ни мешало политически, идея «Иерусалим – святой город для всех (дочерних) религий» – это очень правильно по сути, потому что только из Иерусалима можно донести Божественные идеи до человечества.

7. Иерусалим как центр святости

Есть разные уровни святости. Есть уровень святости Страны Израиля, выше него – уровень святости Иерусалима, еще выше – Храмовой горы, еще выше – Двора Храма, и выше всего – Святая Святых.

Центром Иерусалима является Храмовая Гора и Святая Святых. И именно Храмовое Богослужение – особенно служение в Йом Кипур, когда первосвященник входит в Святая Святых – возвращает нас к корню жизни. Чтобы прикоснуться к этому, есть заповедь подниматься в Иерусалим. Этот подъем осуществляется каждый год в праздники, – и он же осуществляется, постепенно, в ходе истории Государства Израиля сегодня.

В нашем веке еврейский народ лишь постепенно овладевает Иерусалимом. Современное сионистское движение вначале было сконцентрировано в районе Яфо и Тель-Авива. По решению ООН 1947 г. Иерусалим вообще не должен был входить в территорию еврейского государства, тем не менее в 1948 г. мы овладели Западным Иерусалимом. В 1967 г. мы захватили Старый Город, но побоялись восходить на Храмовую Гору. С тех пор наше положение на Храмовой Горе сильно улучшилось – и в чисто духовном, и в материальном плане – однако даже сегодня еврейская власть на Храмовой Горе не осуществляется в полном объеме.

И тем не менее мы продвигаемся. И уровень нашего владения Иерусалимом отражает духовный уровень продвижения Государства Израиля.

8. Иерусалим разделенный и объединенный

Иерусалим был разделенным городом с 1948 по 1967 г. – т.е. от начала иорданской оккупации и до освобождения израильской армией Старого Города, что и явилось причиной установления «Дня Иерусалима». Это разделение многим представлялось чисто политическим, а «объединение», соответственно, тоже чисто военно-политическим действием. Однако это не совсем так, поскольку в объединении Иерусалима есть более глубокое значение.

Во все времена Иерусалим очень часто бывал разделенным городом. Царь Давид (Псалмы 122) говорит об Иерусалиме так: «Песнь ступеней Давида. Радовался я, когда сказали мне: в дом Господа пойдем. Стоят ноги наши во вратах твоих, Иерусалим! Иерусалим отстроенный подобен городу, слитому воедино».

«Городом, слитым воедино» можно назвать только такой город, единство которого необычно, который часто бывает разделенным – и лишь теперь его части соединяются.

Во время первоначального завоевания Страны Иерусалим сразу стал разделенным. Книга Судей (1:21) рассказывает: «А иевусеев, обитателей Иерусалима, не изгнали сыны Биньямина, и обитали иевусеи при сынах Биньямина в Иерусалиме по сей день».

Такое положение продлилось до царствования Давида. И лишь после того, как Давид завоевывает не только всю Страну Израиля, но и часть Сирии (так что его власть распространяется на огромную империю от Нила до Ефрата, с административной столицей в Иерусалиме) – он смог объединить Иерусалим.

Когда в конце дней Давида наступил мор и Давид просил Бога прекратить его, Бог ответил:

И простер ангел руку свою на Иерусалим, чтобы погубить его, но Господь раскаялся в этом зле, и сказал ангелу, губившему народ: довольно, теперь останови руку твою! А ангел Господа стоял у гумна Аравны Иевусея. И когда Давид увидел ангела, поражающего народ, сказал он Господу: «вот я согрешил, я провинился, – но эти овцы, что они сделали? Пусть же будет рука Твоя на мне и на доме отца моего». И пришел пророк Гад к Давиду в тот день, и сказал ему: «взойди, поставь Господу жертвенник на гумне Аравны Иевусея» (Книга Шмуэля II, 24: 16).

Гумно Аравны – это Храмовая гора. Мы видим, что, когда Давид уже правит всей страной – часть Иерусалима все еще под контролем иевусеев. Аравна – не простой человек, он царь иевусеев – т.е. прямо рядом с дворцом Давида находится некое экстерриториальное пространство, которое принадлежит иевусеям.

Книга Шмуэля так описывает продолжение диалога между ними:

> **И Аравна сказал Давиду: пусть возьмет и принесет в жертву господин мой царь, что угодно ему. Смотри, вот крупный скот для всесожжения, а молотила и упряжь воловья – на дрова. Но царь сказал Аравне: нет, куплю я у тебя за плату, потому что не принесу Господу Богу моему всесожжений, взятых даром. И купил Давид гумно и скот тот за пятьдесят шекелей серебра.**

В книге Хроник при пересказе этой истории указана другая цена, 600 шекелей. Видимо, Давид заплатил 600 шекелей взяв с каждого из 12 колен по 50 шекелей – поскольку покупка этого места должна быть от имени всего народа, иначе Храм не будет наследием всех колен. В книге же Шмуэля указано сколько денег Давид внес от себя лично как от главы колена Иеhуды.

Со времени Давида и до эпохи Второго Храма Иерусалим был единым; но к концу периода Второго Храма в народе вновь обострились раздоры, прежде всего между сторонниками эллинизации и ее противниками. Во время этого конфликта Иерусалим и Храм были главным местом столкновений. И даже когда Хасмонеи победили, и Иеhуда Маккавей возобновил храмовое служение – Акра, крепость внутри Иерусалима рядом с Храмовой горой, продолжала оставаться в руках греков, и греки даже продолжали швырять камни в евреев во время богослужений на Храмовой горе. Только в дни Шимона Хасмонея, когда еврейское царство окончательно укрепилось и раздоры в народе прекратились, его войска захватили Акру и разрушили ее.

Так же и во время Войны за Независимость – Иерусалим стал разделенным не потому, что у евреев было недостаточно сил для полного захвата города, но прежде всего потому, что в еврейских рядах не было единства.

Три еврейские военные силы – Хагана, Эцель и Лехи – пытались каждая поодиночке захватить Иерусалим через разные ворота, вместо того чтобы договориться между собой. Хагана попыталась захватить Старый Город со стороны Дамасских ворот, Лехи – со стороны Яфских, и Эцель со стороны Сионских ворот. Нескоординированные попытки провалились и Иерусалим снова был разделен.

Через 20 лет в 1967 г. нависшая опасность со стороны арабов привела к образованию первого в Израиле «правительства национального единства» – тогда всего за 6 дней была одержана победа в войне и в ходе этой войны мы смогли освободить Иерусалим.

Объединившись, евреи завоевывают Иерусалим и живут в нем. А когда евреи не могут договориться между собой, то Иерусалим разделяется. Таким образом, разделенность и соединенность сопровождают Иерусалим на протяжении всей его истории, отражая разделенность и соединенность внутри еврейского народа.

Эта разделенность и сегодня сопровождает празднование Дня Иерусалима, она связана с различными подходами к пониманию сущности Государства Израиля. Зачем нам нужно еврейское государство? Если для того, чтобы тихо и спокойно жить, то приморский курортный Тель-Авив подходит для этого гораздо лучше, чем находящийся в центре мировых конфликтов Иерусалим. Пришли ли мы в Страну Израиля только ради собственного народа, или же потому, что у нас есть послание всему человечеству? И здесь не только противостояние религиозного и секулярного подходов, но и проблема внутри самой религии, конфликт в вопросе модернизации иудаизма: должны ли мы, живя в своей Стране, по-новому посмотреть на иудаизм, или это совершенно лишнее и следует концентрироваться только на выполнении привычных еще с диаспоры заповедях субботы и кашрута? Здесь также разногласия индивидуального и общенационального в иудаизме. Они концентрируются, в частности, вокруг проблемы восхождения на Храмовую Гору. С точки зрения индивидуального аспекта в восхождении на Храмовую Гору есть весьма существенные проблемы соблюдения ритуальной чистоты – так может быть, лучше удалиться от сомнений и не приближаться к этому месту? Или же наоборот, важен прежде всего общенациональный аспект и поэтому есть необходимость добиваться полной власти на Храмовой Горе, восхождения на нее и молитвы там?

Таким образом, в Иерусалиме соединяются противоположности: северное и южное колено, индивидуальный и общенациональный подход; противопоставляется иудаизм на уровне личном, когда целью является соблюдение, и иудаизм на уровне общенациональном, когда целью и центром является возвестить Божественное учение человечеству.

Иерусалим – это всегда центр споров и конфликтов. Это соединение, и оно же противостояние. Потому что настоящий синтез создается не из соединения одинаковых, а именно из обединения противоположностей. Только обединяя противоположности в сложный комплекс, не уничтожая и не разрушая их – мы можем реализовать свое еврейское предназначение и дать Божественный свет человечеству.

Поэтому Иерусалим – священный город не только для иудаизма, но и для всех религий, произошедших от него. Город, откуда исходит Божественное учение для всего человечества.

ПРИМЕЧАНИЯ

1 Именно в этом месяце, «во втором месяце по Исходе из Египта», произошел скачок в формировании самостоятельного национального сознания и война с Амалеком. См. ниже п. 4.

2 В еврейской традиции днем памяти выдающихся людей («hилула», буквально «день прославления») является день их кончины - поскольку именно он символизирует полноту реализации и достижений этого человека.

3 Именно Шмуэль послал царя Шауля воевать с Амалеком (Шмуэль, гл. 15).

4 Из дальнейшего текста Торы мы также видим, что победа над Амалеком не могла быть позже 28 ияра. Книга Исход (19:1) сообщает, что уже 1 сивана евреи пришли к горе Синай: «В третий месяц по выходе сынов Израиля из земли Египетской, в самый день (новолуния), пришли они в пустыню Синайскую. И двинулись они из Рефидима, и пришли в пустыню Синайскую, и расположились станом в пустыне; и расположился там Израиль против горы». Это означает, что в первый день месяца сиван они уже дошли до горы Синай, а до этого они должны были двинуться из Рефидим, что не могло произойти раньше 29 ияра, после войны с Амалеком. Таким образом, каждый переход и стоянка занимали не более одного дня.

5 В наделе Иеhуды находится Древний город Иерусалим (Ир Давид, Град Давидов, южнее сегодняшнего Старого Города). Граница между наделами Иеhуды и Биньямина проходит по южной стене Храмовой Горы и далее к Яффским воротам, вдоль улицы Яфо и шоссе на Тель-Авив.

6 Быт. 43:9.

Глава 14. РЕЛИГИЯ И НАУКА

1. Шесть возможных точек зрения на соотношение Торы и науки

Взаимоотношения религии и науки – очень большая тема, мы рассмотрим только один из ее аспектов, в котором, как многие считают, подход Торы и естественнонаучные данные остро конфликтуют. Мы имеем в виду проблему возраста мира и развития жизни на Земле.

Говоря очень упрощенно, в научной среде доминирует представление, согласно которому возраст мира равен примерно 15 миллиардам лет, жизнь возникла сама по себе и развивается эволюционно без всякой цели или направляющего воздействия извне, а человек, во всех его аспектах, происходит от обезьяны. Если же следовать простому и буквальному пониманию сказанного в книге Бытия, то миру примерно 6 тысяч лет, а человек произошел не от обезьяны, а был создан Богом из праха земного.

Эти две точки зрения представляются настолько кардинально различными, что даже не ясно, как поставить вопрос об их совмещении.

За последние полтора столетия – с момента выдвижения наукой подобных мнений – сложилось шесть основных позиций, шесть вариантов решения проблемы того, возможно ли в принципе, и если да, то каким образом, объединение Торы и научного представления о мире.

Разумеется, деление именно на эти шесть подходов несколько условное, и в жизни встречаются различные «промежуточные» точки зрения – но выделение основных шести подходов дает нам общую картину, и также задает вектор дальнейшим размышлениям над соотношением религиозного и научного взглядов на мир.

Ниже мы постараемся обсудить основные положения этих подходов.

2. Подход 1. «Религиозный фанатизм»: Тора истинна, потому что она от Бога, – и если наука противоречит Торе, значит она просто ошибается

В рамках этого подхода утверждается, что:

(1) Тору следует понимать на уровне простого, буквального прочтения текста, а при описании Сотворения Мира Тора говорит о материи вокруг нас – т.е. Тора говорит в точности о тех же вещах, что и физика, и естественные науки.

(2) Тора и Традиция даны от Бога – а поэтому абсолютной истиной является не только написанное в Торе на уровне буквального прочтения текста, но и взгляды мудрецов Талмуда и средневековых еврейских мыслителей.

(3) Поскольку современная физика и другие естественные науки явно противоречат Торе и еврейской традиции (понимаемой как п. 1 и 2) – следует считать, что ученые заблуждаются и далеки от истины, даже если их ошибку невозможно доказать в рамках науки.

В 16 – 17 вв. подобный подход формулировался так: «В Библии не сказано, что Земля вращается вокруг Солнца, значит, это не так». Он был характерен для европейского конфликта между церковью и развивающейся наукой, и на основании него католическая церковь преследовала и даже казнила ученых.

В иудаизме такая точка зрения (хотя и без крайностей и насилия) в прошлые века тоже была довольно распространена, хотя и далеко не всеобща. В то время как одни авторы принимали новые революционные научные теории, другие резко отрицали их. Например, р. Тувия hа-Рофе в своей книге «Маасе Тувья», написанной в 1700 г. – в которой, кстати, содержится множество новых для того времени научных идей – говорит: «не относись серьезно к словам Коперника, ибо он порождение сатаны». Даже еще в 19 веке (ввиду противодействия Гаскале в Восточной Европе) мы находим религиозных мыслителей, придерживающихся не коперниковой, а птолемеевой системы астрономии. Например, раби Нахман из Браслава считал, что Коперник ошибался, и на самом деле Земля находится в центре мироздания, поскольку так написал Маймонид.

В наше время подход такого типа – не отрицающий, конечно, Коперника, но отрицающий, например, эволюцию живого мира и существование динозавров – встречается лишь среди тех харедимных (ультрартодоксальных) кругов, которые отрицательно относятся к светскому образованию вообще.

3. Подход 2. «Научный фанатизм»: нам всем известно, что наука – это истина, а поскольку наука противоречит Торе, – тем самым доказано, что Тора ложна

Второй подход является зеркальным отражением первого.

Он, так же как и первый, исходит из представления, что Тора и наука обсуждают одни и те же объекты и понятия, но стоит на противоположной позиции: «Поскольку нам заранее известно, что наука это истина, а наука противоречит Библии, – тем самым доказано, что Библия неправильна».

Подобный примитивный атеизм можно найти в различных направлениях мысли Нового времени, среди которых, например, позитивизм Огюста Конта. Среди позитивистов 19 века бытовало мнение, что в будущем наука даст ответы на все великие вопросы, на которые ранее неудачно пытались давать ответы философия и религия. Они считали, что в прежние времена человек нуждался в различных философских системах и религиозных представлениях только потому, что наука была недостаточно развитой; однако как только наука продвинется, она разрешит все эти великие вопросы без всякой помощи религии и философии. Такого подхода придерживался и марксизм, и он нередко встречается и сегодня.

Важно отметить, что между этими двумя подходами есть зеркальное сходство. Оба они понимают библейский текст буквально и считают, что Тора и наука обсуждают одни и те же материи, а разногласия между ними указывают на неустранимое противоречие.

4. Подход 3. «Религиозный инклюзионизм»: Тора объясняет всё, включая науку, и все научные открытия уже прописаны в Торе

Согласно третьему подходу Тора, в ее традиционном понимании, должна быть основой нашего взгляда на мир (и этим третий подход близок к первому), однако не следует отрицать науку – напротив, наука это хорошо, но она, по сути, не говорит нам ничего нового, и все научные открытия уже прописаны в Торе.

Известный мидраш «Бог смотрел в Тору и на ее основе создавал мир» толкуется как то, что весь мир (включая науку) уже содержится в Торе и еврейской традиции. Например, сторонники этого подхода приводят мидраши и каббалистические книги, в которых подчеркивают цитаты, соответствующие науке. Можно найти мидраш, что мир существует миллиарды лет: например, в ранней каббалистической книге «Сефер hа-Кане» сказано, что мир существует 2,6 миллиарда лет; а также мидраш, говорящий что «у Адама был хвост» («видите – в нашей традиции есть место эволюции») – и нет никакой проблемы принять все новейшие данные науки, поскольку Тора также согласна с ними. Очень любят, например, приводить цитату из книги Zohar, в которой сказано, что земной шар вращается, и что у него есть освещенная и неосвещенная стороны, и что они сменяют друг друга все время. Ну, вот, – говорят они – нам вовсе не нужен университет, все уже написано в Торе.

Эта точка зрения широко используется в тех кругах, где людей пытаются «возвращать к вере» – поскольку слушатели уже знакомы с наукой, ее невозможно вообще огульно отрицать, но можно попытаться лишить науку статуса движущей силы человечества.

Разумеется, самый простой анализ выявляет неубедительность такой точки зрения: если и можно найти в традиционных источниках идею о шарообразности Земли, то в них, разумеется, никак нельзя найти множество других идей современной науки. Но на слушателей, не знакомых с деталями, это производит впечатление.

Сторонники подобного подхода, настаивая на буквальном понимании текста Торы, зачастую подстраивают под него научные данные. Например, мы можем считать – и формально это нельзя опровергнуть наукой! – что мир существует несколько тысяч, а вовсе не миллиардов лет, просто он создан «взрослым» (вместе с заложенной в него якобы «памятью» – радиологической, геологической, палеологической и т.д.) о прошлых миллиардах лет. А кроме того (безотносительно к возрасту мира), теория эволюции Дарвина научно не доказана.

Такой подход, по сути дела, «вырывает из контекста» некоторые отдельные научные положения, игнорируя науку целиком как систему корректирующихся представлений о мире. Разумеется, в дарвиновской теории эволюции есть проблемы, и ее нельзя считать «доказанной» или научно безупречной, но когда на основании этих проблем пытаются доказать безосновательность эволюционного подхода вообще, это означает непонимание самой структуры науки.

Отдельно добавим, что воображать, будто Бог «нарочно, чтобы нас запутать, заложил в землю кости динозавров, никогда на самом деле не существовавших» – означает считать Бога чуть ли не «хитро-злонамеренным», а такое представление о Нем отнюдь не выглядит достойным.

5. Подход 4. «Согласование»: Тора – это важно, и наука – это важно, но наука не может опровергнуть Тору

Эта позиция также религиозна и ортодоксальна (т.е. признает всю еврейскую традицию целиком) – но при этом она стремится согласовать прочтение Торы с современными научными данными, что ей до некоторой степени удается. При этом она:

(1) Понимает библейский рассказ о Сотворении мира НЕ буквально – но полагает, что Дни Творения могут быть миллионами и миллиардами лет, и также считает, что наличие эволюции не противоречит Торе.

(2) Относится к науке и ее достижениям серьезно, признавая их огромную роль не только для материального, но и для духовного развития человечества. Более того, в некоторых аспектах современные научные концепции могут помочь нам более правильно понять рассказ Торы – сторонники идеи «согласования» не видят в этом ничего неправильного или противоречащего ортодоксально-религиозной точке зрения.

(3) Однако, такой подход также и не склонен считать научные теории истинами – скорее, он относится к ним как к «текущим научным моделям», что в целом соответствует современной научной парадигме. Это означает, что у науки нет

никаких настоящих доказательств, – поэтому она не может опровергнуть Тору.

(4) При этом считается, что в истории Сотворения Мира Тора и наука говорят об одном и том же, что объединяет такой взгляд с предыдущими тремя подходами. «Согласователи», однако, полагают, что не следует делать из расхождения между наукой и Торой преждевременных выводов. Если как следует углубиться в сегодняшнюю науку, то мы увидим, что она никак не опровергает Тору, а скорее согласуется с Ней.

Такой подход вполне распространен среди «современных ортодоксов», и по нему существует обширная литература (в т.ч. университетских профессоров естественных наук, при этом религиозных людей). Он, в некоторой степени, может согласовать Библейский рассказ и данные науки, однако в отношении него есть и серьезная критика.

6. Критика первых четырех подходов: разве Тора и наука говорят об одном и том же предмете?

Во всех этих четырех подходах присутствует общий принцип: все они утверждают, что Тора и наука говорят об одном и том же и в тех же терминах. Например, в Торе написано нечто о сотворении мира, и наука говорит о возникновении мира; и если считать что они говорят об одном, используя одинаковые понятия (небо, земля, вода, светила, растения, животные, человек) – то Тора и наука обсуждают один и тот же процесс. А поэтому расхождения между ними или свидетельствуют о неправоте того либо другого (подходы 1 и 2), или же должны быть согласованы (подходы 3 и 4).

Однако на чем основано это исходное представление что Тора и наука говорят об одном и том же? Это совершенно неочевидно.

В еврейской традиции говорится, что история о сотворении мира из книги Бытие – это «тайны Торы». Но если это «тайны Торы» и высшие истины, то невозможно толковать их, опираясь на прямой смысл, не говоря уже о том, что их невозможно понимать буквально.

Относительно вопроса, сколько именно глав говорят о тайнах Торы и, соответственно, требуют не буквального толкования – еврейские комментаторы не единодушны. Это однозначно относится к первым четырем главам Торы (включая историю Каина и Эвеля), дальше мнения разделяются. Детали историй Потопа и Вавилонской Башни заведомо нельзя понимать буквально, и есть разные суждения о том, следует ли понимать буквально рассказ в целом.

В начале 14 в. в Испании и Провансе разгорелся огромный «спор по вопросам философии», одним из пунктов которого был вопрос об аллегорическом толковании Торы. Некоторые раввины полагали, что следует аллегорически (а не буквально) толковать вообще всю Книгу Бытия, включая истории праотцев и истории Иосифа, и что буквальное толкование возможно только начиная с истории Исхода, а другие религиозные авторитеты считали, что такая точка зрения слишком крайняя, и выступали против нее.

Отметим, что все эти споры происходили между средневековыми еврейскими мудрецами за сотни лет до того, как научные данные могли бы обосновать ту или иную точку зрения – т.е. эти споры вовсе не были вызваны разногласиями с наукой, а являлись внутренней дискуссией еврейского религиозного мира, и обе точки зрения (сторонников и противников аллегорического толкования) являлись выражением аутентичной еврейской религиозной мысли.

Далее мы рассмотрим подходы, основанные на представлениях, что Тора и наука занимаются совершенно разными областями познания.

7. Подход 5. «Разрыв»: между Торой и наукой нет связи, потому что в Торе говорится о мире духа, наука же исследует структуру и функционирование материального мира

Пятый подход отрицает общую базу четырех предыдущих. Он считает, что все рассуждения о связи Торы и науки вообще неуместны, поскольку между Торой и наукой в принципе нет ничего общего, никакой связи. Наука занимается вопросами функционирования и строения материального мира, выясняет материальные причины, отвечает на вопрос «как», Тора же занимается проблемой смысла всего существующего, обсуждает духовные цели, отвечает на вопрос «зачем», и это две совершенно разные дисциплины. Концепции науки относятся к области материи, концепции Торы – к области духа, а поэтому вообще бессмысленно их сравнивать, а все попытки как противопоставить их, так и подогнать их друг к другу – ложны и ни к чему не приведут.

Вопрос о возрасте мира это вопрос науки, он не относится к области религии, как и вопрос, была ли эволюция и как она проходила. Тора вообще это не обсуждает, рассказ о Сотворении мира не занимается историей создания и развития материальной вселенной, – хотя он и использует похожую терминологию (небо, земля, вода, светила, растения, животные, человек) – но говорит нам совсем о другом.

Такого подхода придерживаются довольно много современных религиозных людей, особенно те, кто реально занимается научными исследованиями.

Отметим что, в области согласования религиозного и научного подходов, мы обнаружим некоторое различие между позицией ученых, реально погруженных в науку, и тех, кто, хоть и имеют современное научное образование, в действительности наукой не занимаются, находясь лишь около нее. Для людей общекультурного плана взаимоотношения науки и религии важны лишь в качестве элемента мировоззрения, и они часто придерживаются четвертой (или третьей) из описанных выше позиций. Но тем, кто сами проводят научные исследования, сидят в лаборатории и выдвигают научные концепции – важно определять свою позицию на этом поле ежедневно, поскольку это влияет на их научную работу. Такие люди нередко подчеркивают, что если они будут учитывать согласование или несогласование их научных гипотез с Торой, то они будут плохими учеными. Ученый должен заниматься наукой, совершенно не учитывая того, что в отношении рассматриваемой проблемы говорит Тора, это должно быть отдельным вопросом.

«Как ученый я занимаюсь наукой, как религиозный человек я верю в Тору, но это две раздельные области моей жизни» (как, например, ученый может быть или не быть хорошим семьянином, – но в любом случае эта область жизни не связана с его научной работой). Подобного подхода придерживался, например, профессор Йешаяhу Лейбович. Он был ортодоксально религиозным человеком и ученым-химиком, который полностью отрицал какую-либо связь между своим миром научных представлений и своим религиозным миром.

Такой подход представляется довольно естественным – но в нем есть и существенные проблемы. В отличие от, например, «пространства науки» и «пространства семьи», которые, действительно не пересекаются и не претендуют на территорию один другого – пространства науки и религии имеют совсем немалую общую территорию. Например, в кетубе (брачном договоре) мы, основываясь на традиции, пишем: «год такой-то от сотворения мира». Какой смысл имеют подобные вещи, если мы не верим что это действительно так? И также в молитвах на Рош а Шана мы говорим: «Ты сотворил мир в этот день», – что же мы имеем в виду, если мы вовсе никак не соотносим эту фразу с научным представлением о мире?

Ответ может состоять в том, что в таких случаях мы соотносимся не с областью физики, а с областью морали. Т.е. с точки зрения морали миру идет, скажем, 5770 год. И то же самое следует сказать о создании Богом человека из праха – это тоже относится к области морали, а не физики. Имеется в виду, что в человеке есть природное начало, и оно называется в Торе «прах из земли», которое есть результат эволюции (пусть даже и эволюции по Дарвину). И в это понятие входит не только его биологическая сущность, но и сознание, язык, социальное устройство и даже, возможно, эстетическое чувство и основа творческого начала. Однако, кроме этого в человеке имеется еще и дополнительное моральное измерение, которое называется «душа живая», и оно пришло в человека из высших миров (а не возникло в результате эволюции). И вот этой моральной добавке в человеке исполнилось 5770 лет. Вопрос же о биологическом происхождении тела человека не разбирается в Торе и не важен для религии.

Таким образом, в Торе и в научном дискурсе «годы человечества» имеют совершенно разный смысл – и равно нерелевантным будет как пытаться согласовать их, так и противопоставлять их один другому.

Вообще говоря, и в нашей обычной жизни часто случается, что одно и то же слово или термин в разных контекстах может означать совершенно разные вещи. Так, например, если мальчик хочет пойти в кино на фильм, на который не пускают детей до определенного возраста, и его спрашивают на входе в кинотеатр: «Сколько тебе лет?» – то имеется в виду его биологический возраст. Но в другой ситуации, когда например, тот же ребенок плохо себя ведет, и его спрашивают: «сколько тебе лет?» – тот же вопрос, но в другом контексте и с другой интонацией, может означать совсем другое: не «сколько тебе биологических лет», а «как же ты можешь так себя вести, как маленький!!?».

Не говоря уже о том, что в любом языке существуют идиомы. Например, астроном в бытовой беседе вполне может сказать: «скоро солнце сядет» – хотя кому, как не астроному, знать, что солнце никуда не садится. Более того, астроном может сказать своему сыну: «Дорогое дитя, тебе пора спать, смотри, даже солнце легло спать» – и как же ему не стыдно говорить про солнце такие глупые вещи?! Однако, так же как слова астронома в ненаучном контексте лишены научного смысла и служат совсем иным целям, – так и слова Торы в Книге Бытия не предполагают научного толкования, а несут совершенно другие идеи.

В описанном подходе к обсуждаемой нами проблеме есть много весьма правильного и здорового, но все-таки присутствует и некоторое затруднение: этот подход, как нам представляется, недостаточно монотеистичен. Он предполагает разделение мира на область духа, где властвует Тора, и область материи, где властвует наука. Но иудаизм – монотеистическая религия, согласно которой тот же самый Бог, который дал Тору, Он же сотворил мир, и Он проявляется также и в науке, исследующей этот мир. Странно было бы отказаться от предположения о некотором общем замысле, содержании, объединяющем эти две области. И наука, и Тора – создание и откровение Бога, различные каналы, через которые Он говорит с нами.

И поэтому нельзя не предположить наличие какого-то соотношения между Торой и наукой, противоречащее этому разделяющему подходу.

8. Подход 6. «Созвучие»: наука и религия занимаются разными областями, но влияют друг на друга через интеллектуальную атмосферу общества, и в этом есть Божественный замысел

Теперь мы перейдем к шестому варианту видения проблемы, подходу, которого придерживался р. Кук. Он имеет два аспекта:

(1) С одной стороны, рав Кук подчеркивает отсутствие прямой связи между наукой и простым прочтением Торы – что соответствует пятому подходу.

(2) С другой стороны, по его мнению, между религиозными и научными воззрениями эпохи есть очень глубокая связь, но эта связь – не на уровне согласования текстов.

С точки зрения предметной, фактологической, нет никакого смысла сравнивать слова Торы с наукой, они говорят о разных вещах. Но как «понимание мира на основе Торы», так и «понимание мира на основе науки» – это не статические картинки, а динамические процессы. И эти процессы протекают в чем-то параллельно, образуя связь между Торой и наукой.

Иными словами, есть Божественный замысел, соединяющий развитие науки и Откровение Бога. Есть Божественное провидение в том, что касается развития науки в истории и ее влияния на религиозные представления человечества. Неслучайно в одном поколении доминирует одна научная теория, а в другом веке ее сменяет другая – эта динамика научных представлений имеет религиозную ценность! Это часть замысла Бога, часть процесса раскрытия и познания Бога со стороны Его творений. Бог хочет, чтобы человек понял Его, и часто это понимание достигается благодаря развитию науки.

Таким образом, позиция рава Кука, хотя и содержит разделение на «моральную истину Торы» и «материальную истину науки», – сильно отличается от простой дихотомии, разделения всего познания на научную и религиозную области. Дихотомии нет, потому что есть взаимовлияние, и оно является частью Божественного Плана. Наука, изменяя наши представления о мире, меняет и наши духовные представления, – влияя, соответственно, на форму, которую понимание Торы приобретает в нашем мире.

9. Интеграция в религию эволюционного подхода

Итак, с точки зрения р. Кука, бессмысленно пытаться напрямую сопоставлять научную картину мира с описанием Сотворения мира в Торе. При этом религия и наука (и, в более широком смысле, обще-светская культура) все же связаны общими духовными схемами мышления.

В истории религии и культуры мы можем найти множество примеров такого влияния во все эпохи. Например, связь концепций Саадии Гаона с общефилософскими схемами раннесредневекового ислама; связь подхода Маймонида к организации системы заповедей с аристотелевской системой организации наших знаний о мире; связь динамической схемы каббалы у Аризаля с переходом европейской цивилизации к динамической картине мира Нового времени вместо статической картины средневековья; связь развития хасидизма с общеевропейским повышением внимания к психологически-индивидуальному миру человека в конце 18 – начале 19 вв., и многие другие подобные процессы.

У нас здесь нет места для разбора этих классических примеров, и мы рассмотрим ниже только влияние развития современной науки на религиозное мышление, как оно предстает перед нами в философии р. Кука – и, прежде всего, интеграцию в религию эволюционного подхода.

Рав Кук отмечает, что вся современная наука основана на эволюционистской схеме мышления, и параллельно этому в современном религиозном сознании «эволюционистская схема» (которая содержалась в иудаизме всегда, но не выходила на передний план) все больше проявляется и занимает свое место.

Религиозно-эволюционистская схема мышления довольно сильно отличается от «классической» и до сих пор привычной для многих религиозно-единовременной схемы. Например, в единовременной схеме приход Машиаха и Геула (Избавление) мыслятся как момент: в придет Машиах, и сразу все станет хорошо, и возникнет идеальное еврейское государство, и Храм в готовом виде спустится с неба. При эволюционном же подходе картина выглядит совершенно иначе: Машиах и Геула это длительные процессы, вначале очень несовершенные, внутри которых могут быть не только подъемы, но и падения и отступления

– однако это не означает отсутствие Геулы, но лишь то, что до полноценного Избавления мы еще не дошли.

Вообще, разница между «единовременным» и «эволюционным» подходами – один из важнейших элементов различия между харедим и религиозными сионистами. Рассмотрим, например следующий отрывок из р. Кука (Орот hа-Кодеш 2, 541):

> **Учение об эволюции, получившее широкую известность благодаря новейшим естественнонаучным исследованиям, совершило великий переворот и среди других областей мысли. Для владеющих высшими познаниями избранных[1], которые издревле размышляли о ступенчатом развитии духовных миров, не такой уж чужой и странной кажется мысль применить эти знания также к развитию материального мира. И так и должно быть, чтобы развитие материального было бы подобно развитию духовных миров, постепенному, ступенчатому и последовательному, без прерываний и скачков.**

Т. е. для каббалистов идея об эволюционном развитии жизни на Земле – вещь понятная и почти само собой разумеющаяся.

Но большинству трудно воспринять эту целостную и всеохватывающую идею.

Почему же эта идея столь трудна для многих религиозных людей?

> **Трудность не в том, что не могут связать идею эволюционного развития со стихами Торы и другими традиционными текстами – на самом деле это очень легко сделать, и не в этом причина неприятия многими кругами эволюции.**
> **Ведь всем известно, что притчи и намеки преобладают в этих вещах, ...и соответствующие тексты не следует понимать по их простому смыслу...**

Действительно, лишь непривычность мысли мешает соединить эволюционный подход с религиозными представлениями. Многие привыкли основывать свою богобоязненность на представлении, что Всевышний действует как волшебник, взмахивающий палочкой – и творящий миры.

Идея «единовременного творения» – и, соответственно, одномоментного прихода Мессии и Избавления – освобождает от необходимости религиозного анализа реальных исторических и культурных процессов, критического переосмысления религиозных представлений.

Должно произойти духовное развитие для того, чтобы эти вещи были бы усвоены народом. Мы должны способствовать этому.

Разница между тем, основывается ли богобоязненность и религиозность на эволюционном взгляде на мир или на «одномоментном подходе» к возникновению мира – весьма существенна.

При эволюционном подходе естественный ход вещей воспринимается как действия Бога, и Божественным является весь исторический процесс, а не только чудеса. Это касается как космологических событий, включая создание и развитие жизни на земле, так и исторических, в том числе событий современной истории. И тогда нет никакой проблемы в принятии сионизма и идеи «постепенного Избавления», т.е. в осознании светского сионизма как начальной стадии процесса Избавления – ведь Бог может проявляться даже и через светские процессы. И, параллельно с этим, нет проблемы в принятии концепции эволюции.

С точки же зрения «единовременной» – наоборот, есть проблема как в восприятии «Бога, проявляющегося в современной светской истории», так и идеи эволюции. Таким образом, есть внутренние причины, по которым обычно круги, не принимающие теорию эволюции, не принимают также и светский сионизм, не видя в нем никакого духовного и религиозного содержания.

Интересно отметить, что в книге Зоhар (в разделе Вайера) есть отрывок, посвященный срокам избавления. Там сказано, что начиная с «600 года 6-го тысячелетия (т.е. с 5600 г. от Сотворения Мира = 1840 г.) откроются источники мудрости вверху и внизу, и мир приготовится к вступлению в седьмое тысячелетие».

И действительно, посмотрев на все произошедшее за последние полтора столетия, с 1840 года – мы увидим невиданное распространение знаний, развитие технологии и параллельно этому изменения в мировоззрении человечества. В течение короткого периода изменилось все содержание наших знаний о мире, и этот процесс только набирает темп.

Отметим при этом, что тот же Зоhар говорит о существовании параллели между нашими представлениями о мире и приходом Избавления.

Рав Кук далее пишет:

Сейчас, в поколениях начала мессианского процесса, мы должны исправить искривление – и мудрецы должны подружиться с науками и современными знаниями, раскрывающими своего Создателя. И тогда естественным образом вернется прежняя сила, способная осветить все жизненные знания, объединить небо и землю в полноценном единстве, и оно будет во имя Общности Израиля.

Только продвинувшись в освоении светских дисциплин, в науке, искусстве и т.д. – мы сможем объединить небо и землю «во имя Общности Израиля» – еврейского народа как единого целого на протяжении истории. «Общность Израиля» многогранна и проявляется во всех аспектах бытия, поэтому «единство неба и земли во имя Общности Израиля» – это целостное восприятие всех объектов мироздания, и именно через него мы и будем прокладывать для мира дорогу к святости.

Наше сегодняшнее возвращение в Сион есть возвращение в мир знания Бога, которое чувствуем не только мы – это ощущение наполняет мир. Одним из первых, кстати, его почувствовал Ницше, который сказал об этом в своей «Утренней Заре» (гл. 205): «Бог Израиля, Ветхий Днями, в будущем вернется в Свой мир. И все мы будем радоваться Его радостью».

В современной науке есть такая вещь как поиск общей теории поля: ученые пытаются найти общую основу для всего существующего, по крайней мере в области физики. В иудаизме же с самого начала декларируется общая основа для всего существующего, это «Шма, Исраэль», провозглашающее: «Господь, Бог наш – Господь един». Видение мира в его единстве как диалога Бога и человека – эта духовная основа еврейского подхода к миру, установленная пророками Израиля, но она не имела до сих пор никакого физического или естественнонаучного выражения. Однако мы полагаем, что наука движется в этом направлении.

Пророчество приносит нам свое знание о мире сверху вниз, от Бога к нам. Наука же, напротив, движется снизу вверх – но в конце концов приходит к тем же выводам, к общему синтезу, к единству всего. Наука дополняет пророчество, приводя со своей стороны к познанию Того, по слову Которого был сотворен мир.

Рав Кук говорит об этом (Орот hа-Кодеш, 1:6):

По мере того, как научные исследования все глубже проникают в тайны первозданного хаоса («безвидности и пустоты»), предшествовавшего окончательному творению миров, – они открывают перед нами тончайшие подробности законов природы, удивительным образом настроенные на создание нашего мира. И тем самым тайна Творения становится все более открытой и доступной для широкого обсуждения. И, как следствие

того, что мир приучается к постижению тайн материального Творения, – возникают встречные идеи, постижение тайн Творения духовного. Идеи эти приходят в соприкосновение с реальностью, смешиваются с нею и оплодотворяют ее. И Божественные истины – те, что всегда были оплотом истинных мудрецов, и светом Израиля – постепенно входят в общественное сознание.

Таким образом, по мере продвижения цивилизации еврейское утверждение о том, что «Господь един» и есть один источник для всего существующего – постепенно будет становиться также и научным знанием.

И поэтому – из-за научного развития, которое приучило умы к более глубокому и широкому взгляду на реальность – сегодня даже уже и обычному среднему человеку невозможно объяснить элементарные основы веры, не прибегая к выяснению смысла высших тайн – тех самых, на которых покоится мироздание.

Развитие науки привело к поднятию общего духовного уровня человечества, поэтому сегодня, чтобы объяснить базовые основы религиозной веры – приходится объяснять тайны каббалы, раньше доступные лишь единицам.

Как правильно сделать это, как донести сложное духовное содержание не отступая при этом от соблюдения требований религиозного закона – отдельная большая темы, выходящая здесь за рамки нашего обсуждения.

ПРИМЕЧАНИЯ

[1] Имеются в виду каббалисты.

ЕЖЕВИКА-BOOKS

МАГАЗИН ЭЛЕКТРОННЫХ И АУДИО-КНИГ

http://ejwiki-books.com/

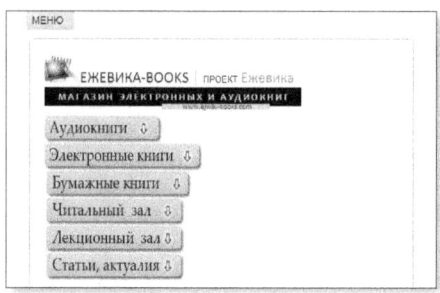

В нашем интернет-магазине вы можете приобрести:

- **КНИГИ**
  - ✓ в бумажном
  - ✓ электронном
  - ✓ и аудио формате

- **АУДИО-КУРСЫ**

- **КОММЕНТАРИИ К ТОРЕ**
  - ✓ в текстовом
  - ✓ и аудио формате

- **НОВЫЕ СТАТЬИ**

МАРИНА МАГРИЛОВА (ВОРОБЬЕВА)
ПИНХАС ПОЛОНСКИЙ
МИХАИЛ МАГРИЛОВ

ИУДЕЯ И САМАРИЯ –
ИСТОРИЧЕСКАЯ РОДИНА ЕВРЕЙСКОГО НАРОДА

ПУТЕВОДИТЕЛЬ ПО ИЗРАИЛЮ

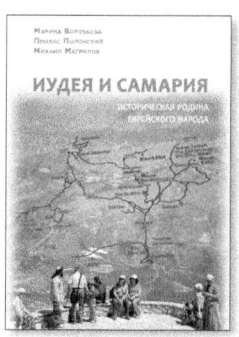

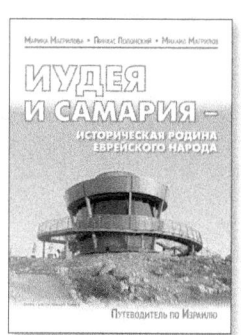

Первое издание   Третье издание

Иудея и Самария – историческая область Израиля, которая в древности была центром еврейской государственности. Здесь жили праотцы, происходили основные события эпохи Судей, здесь был центр государств Саула, Давида и Соломона, здесь, после раскола, последовавшего за смертью Соломона, функционировали Южное (в Иудее) и Северное (в Самарии) царства. Основные библейские исторические драмы происходили именно в пределах этих земель, принадлежащих коленам Иеhуды, Беньямина и Йосефа (Эфраима и Менаше). Если мы возьмем список упомянутых в Танахе географических названий, то увидим, что приблизительно 90% из них сосредоточено в Иудее и Самарии. Таким образом, именно Иудея и Самария, а не просто «Израиль» – историческая родина еврейского народа.

Впервые туристический путеводитель дает готовые маршруты для ознакомления с богатейшим историческим наследием Иудеи и Самарии. Маршруты сопровождаются картами; на каждой из них есть QR-код, позволяющий открывать их на мобильном устройстве.

Путеводитель можно заказать по мэйлу ppolonsky@gmail.com

Электронную версию путеводителя можно приобрести
на сайте www.ejwiki-books.org

Экскурсии фирмы Guide-21 по Иудее и Самарии можно заказать
по мэйлу marina@guide21.co.il или по телефону +972-54-550-5184

МАРИНА ВОРОБЬЕВА
ДМИТРИЙ КИМЕЛЬФЕЛЬД
МИХАИЛ МАГРИЛОВ

СЕМЬ ДОРОГ

Путеводитель по Иерусалиму

Об Иерусалиме написаны тысячи книг, напечатаны сотни путеводителей, толстых и тонких, поражающих академической глубиной, объемом и замечательными фотографиями... И только одного не нашли мы среди них – такого, который сделал бы то, что человек ожидает от путеводителя – провел бы его по пути. Мы решили вернуть слову «путеводитель» его значение.

С нашим путеводителем Вы сможете ходить по Старому городу Иерусалима самостоятельно. Путеводитель включает более 600 фотографий, на которых стрелочками обозначены направление маршрута и даны дорожные комментарии и разъяснения. Вот пример блока таких фотографий:

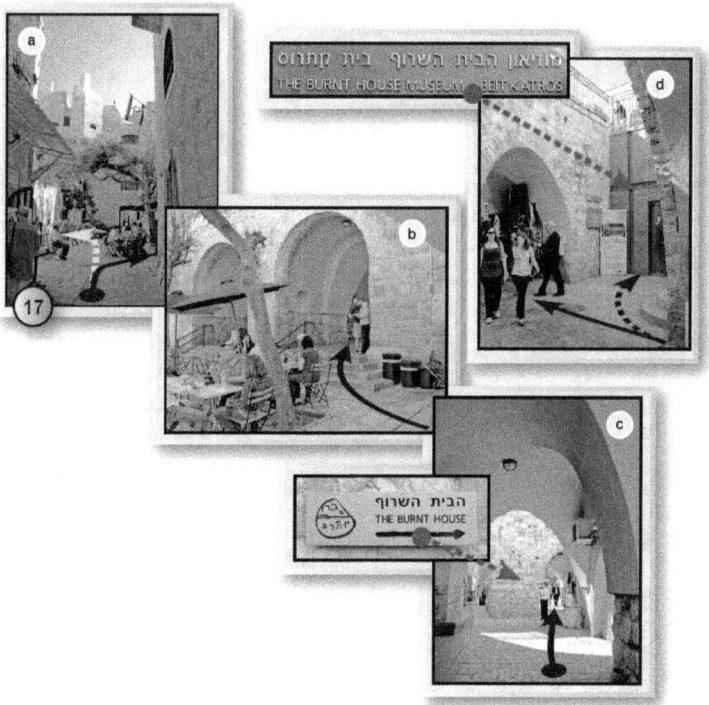

Многочисленные благодарности, полученные от от читателей, дают авторам путеводителя право с удовлетворением сказать — «Да, книжка удалась!» С путеводителем «Семь дорог» вы сможете совершить самостоятельное знакомство со Святынями Старого города.

МИДРАША ЦИОНИТ
מדרשה ציונית

МИДРАША ЦИОНИТ

Мидраша Ционит – международное еврейское русскоязычное сообщество с центром в Иерусалиме.

Мидраша проводит летние и зимние молодежные образовательные лагеря, семинары и шаббатоны в Израиле, СНГ и в Прибалтике.

Мидраша имеет собственную школу подготовки мадрихов и ведущих неформального еврейского образования «Хилазон».

В Киеве Мидраша располагается в Галицкой синагоге (ул. Жилянская, 97-а) и в ней ведет общинную и образовательную деятельность.

Сайт – www.midrasha.net

Мидраша в социальных сетях:
www.facebook.com/midrasha.zionit
www.vk.com/midrasha
www.youtube.com/user/Midrasha100

ВОСХОЖДЕНИЯ НА ХРАМОВУЮ ГОРУ
с организацией «Место Встречи»

Со времен царей Давида и Соломона город Иерусалим является духовным центром Страны Израиля, а сердце Иерусалима, сосредоточение его смысла, – святой Храм. Храм был разрушен две тысячи лет назад, его место занимает Купол над Скалой, и еврейский закон запрещает нам туда заходить.

Однако еврейская традиция не только позволяет, но и видит большую важность в подъеме на Храмовую Гору – место, на котором стоял Храм. Подниматься на Гору можно только подготовившись должным образом, духом и телом.

На Храмовой Горе мы ощущаем особую святость этого места. Там Авраам связал Ицхака на жертвеннике, там молились и приносили жертвы Давид и Соломон. Там был центр еврейского государства в течение тысячи лет.

Ассоциация «Место встречи» ведет разъяснительную деятельность, связанную с Храмовой горой, на русском языке. Наши материалы можно найти на сайте www.mesto.org.il.

Если вы хотите совершить восхождение на Храмовую гору – свяжитесь с нами: mimosa4@gmail.com , +972-2-996-0888

Внимание: очень не рекомендуется подниматься на Храмовую гору в первый раз без инструктора. Вы можете по незнанию совершить серьезные нарушения заповедей Торы, например, зайдя на место самого Храма.

ПИНХАС ПОЛОНСКИЙ
РАВ А. И. КУК
ЛИЧНОСТЬ И УЧЕНИЕ

КАББАЛА И НОВЫЙ ЭТАП В РАЗВИТИИ ИУДАИЗМА

Синтез ортодоксальности и модернизации – религиозная революция рава Кука

Книга, открывающая русскоязычному читателю новый взгляд на иудаизм

Осуществим ли в религии, да еще в такой древней, как иудаизм, синтез ортодоксальности и модернизации? Можно ли быть полностью верным традиции, религиозным нормам и принципам – и при этом модернизировать религию, включив в нее процессы развития, происходящие в окружающем мире – развития науки, искусства, социальных принципов, процесса становления Государства Израиль и сложных перипетий современной еврейской истории?

Дорогу к такому синтезу в иудаизме проложил рав А. И. Кук, ставший в 1904 г. раввином Яффо, а затем и Главным Раввином Страны Израиля. Он создал философию «ортодоксальной модернизации» и религиозного сионизма. Философия эта имеет сотни тысяч последователей в еврейском мире (движение «вязаных кип») и играет огромную роль в жизни современного Израиля – от «Бней Акива» до поселенческого движения в Иудее и Самарии, от религиозных кибуцев до Бар-Иланского университета.

Без восприятия идей рава Кука невозможно, по нашему мнению, понять то направление, в котором движется сегодня Израиль.

КНИГИ ПО ФИЛОСОФИИ РАВА А. И. КУКА НА АНГЛИЙСКОМ И ИВРИТЕ

Перевод на английский и иврит избранных глав книги П. Полонского «Рав А. И. Кук. Личность и учение» – смысл и философия религиозного сионизма, концепция модернизма в ортодоксальном иудаизме, применение каббалы для понимания процессов, происходящих сегодня с еврейским народом и государством.

 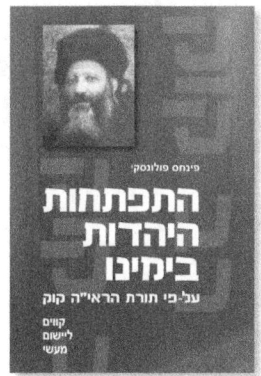

Перевод на английский язык глав из книги «Арфилей Тоhар», входящих в философский дневник р. Кука.

НЕХАМА И ПИНХАС ПОЛОНСКИЕ
ДВА ЛИКА

ЖЕНЩИНА И МУЖЧИНА
В ЕВРЕЙСКОЙ БИБЛИИ И КАББАЛЕ

Зачем Бог устроил мир так сложно? Зачем нужно было разделять людей на мужчин и женщин, разве и без этого мало различий между людьми?

Сложностям отношений между мужчиной и женщиной посвящено так много литературы, что естественен вопрос: что может добавить рассмотрение этой проблемы в рамках библейского текста и еврейской традиции?

Религиозный подход отличается от научного прежде всего тем, что научный ищет причины явлений, а религиозный – их цель. В нашем анализе мы попробуем посмотреть на вопрос именно с этой, религиозной стороны; понять не только в чем причина сложностей во взаимоотношениях, но и задуматься, зачем Бог дал нам эти сложности.

Мы верим, что Бог сотворил мир наилучшим образом, а это означает, что все проблемы, стоящие перед нами, необходимы для нашего развития.

В этой книге мы, на основе библейского текста и еврейских источников, пытаемся осознать смысл и цель существования различий между мужчиной и женщиной, чтобы понять, какой урок для нас они несут.

ПИНХАС ПОЛОНСКИЙ
ЕВРЕЙСКИЙ ВЗГЛЯД НА ХРИСТИАНСТВО

ДВЕ ТЫСЯЧИ ЛЕТ ВМЕСТЕ

Первая часть книги, «классическая», объясняет причины еврейского неприятия христианского миссионерства.

Вторая часть, «современная», описывает еврейское отношение к христианству в новую эпоху, когда значительная часть христианских конфессий перешла от «теологии замещения» к «теологии дополнения» (то есть отказалась от миссионерства по отношению к евреям и стала воспринимать иудаизм как своего «старшего брата» в диалоге с Богом). В такой ситуации также и иудаизм может по-новому взглянуть на христианство – не как на врага и конкурента, а как на компаньона, призванного нести элементы иудаизма народам мира.

СЕРИЯ

«БИБЛЕЙСКАЯ ДИНАМИКА.
Современный еврейский комментарий к Торе»

Комментарий, представляющий праотцев как динамически развивающиеся личности, основан на идеях р. А.-И. Кука и р. И.-Л. Ашкенази (Маниту)

На настоящий момент вышли в свет первые шесть томов:

(1) «Две истории Сотворения Мира»
(к главам 1-11 Бытия)

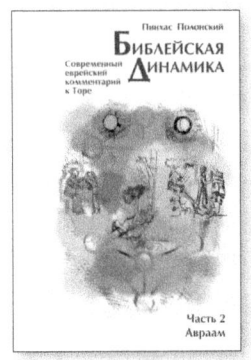

(2) «Авраам»
(к главам 12-22 Бытия)

(3) «Ицхак и Яаков»
(к главам 23-36 Бытия)

(4) «Иосиф, Иеhуда и их братья»
(к главам 37-50 Бытия)

(5) «Моисей и рождение народа»
(к главам 1-17 Исхода)

(6) «Храм Моисея и Храм Аарона»
(к главам 18-40 Исхода)